片岡宏二

続 邪馬台国論争の新視点

—倭人伝が語る九州説—

雄山閣

はじめに

邪馬台国の所在地論争を、地理学的所見や地名から探る研究は、今までの研究でも数えきれないほどのものがあり、それぞれに重要な視点がある。しかし、邪馬台国の社会がどのようなものだったのか、そういう視点から邪馬台国論争を見ることはあまりなかったと思う。

もちろん今までの研究の中でも、所在地論争ばかりでなく、『魏志』倭人伝に書かれている邪馬台国の社会が、日本の歴史の中でどのように位置づけられるのかという問題意識を持つ研究者によって論じられてはきた。この問題は、所在地論争に比べると華やかではなく、さらに第二次世界大戦前や戦中には、国家権力に触れられたくない問題であったという歴史もあった。それでもこの問題は、日本の国の成り立ちを考える上では重要な問題である。

邪馬台国研究史の第一人者佐伯有清は、戦後の邪馬台国研究をまとめる中で次のように述べている。

「邪馬台国問題を取り扱う場合に、社会組織の内容にふれず、いたずらに邪馬台国の地理的考証にとらわれ、大和か九州かという論争にのみ熱中しているという批判が、一部の歴史研究者によってだされていたことは前章ですでにみてきたとおりである。そういう批判を提出していたもののあいだでは、邪馬台国の政治組織や階級と身分の問題を積極的に取り上げ、かなりまとまったかたちで問題を提起していたことはみおとせない。(註1)」

『魏志』倭人伝を中心に、邪馬台国の階層・身分・組織の問題などその社会を見ることは、『魏志』倭人伝の方位・旅程の解釈や地名考証に頼ってきた邪馬台国の所在地論争の新しい切り口になると私は思っている。

今回の一連の課題では、いったん、前著作(註2)で述べた地理学的探求から離れて、『魏志』倭人伝に書かれたその社会を復元して、それを考古学的資料とも照らし合わせてみたいと思う。そしてその行きつくところが邪馬台国九州説と近畿説の論争にどう繋がっているかを見ていくことにしたい。

一例として手始めに卑弥呼を取り上げてみたい。多くの人がそれぞれにイメージを持っている卑弥呼は、どのような人物だったのか。実は卑弥呼をどう見るかという視点は、邪馬台国九州説と近畿説の問題に繋がっている。

なお本文に入る前にいくつか、お断りしておくことがある。

前作と重なる点も多いが、ご容赦願いたい。

◆文献・本文の引用

本文で引用した『三国志魏書東夷伝倭人』条は、以下「『魏志』倭人伝」と略す。特に注記していない引用はすべて『魏志』倭人伝からの引用である。『後漢書東夷列伝倭人』条は、「『後漢書』東夷伝」と略す。いずれも引用は和田清・石原道博編訳一九五一『魏志倭人伝・後漢書倭伝・宋書倭国伝・隋書倭国伝』(岩波文庫)からである。また、その現代語訳は、小南一郎一九八二「三国志」Ⅱ(『世界古典文学全集』24巻B 筑摩書房)からである。

漢字の字義については、諸橋轍次『大漢和辞典』（大修館書店刊）をいくつかの箇所で引用した。各巻ごとに発行年が異なるため、註については省略した。なお全体でみると、一九五五年に第一巻が刊行され、一九六〇年に全一三巻が刊行された。

その他は頻度が少ないために、必要なもののみ、文末に出典を記す。

◆地名に関すること

近畿説

ここでは「近畿」説として、「畿内」説とはしない。その理由は、大化改新詔（六四六年）にある文章が、畿内を規定しており、当然邪馬台国の時代には畿内という概念はなかった。「近畿」としたのは現在使用される地方名だからである。古墳時代の中心は明らかに大和盆地東南部で、それ以外の有力な説はないので、その権力中枢を「ヤマト王権」とした。

筑紫《つくし》平野

地理学的な平野の範囲は明確ではない。基準となるのは国土地理院発行の地図であるが、それでは北を二日市地峡帯、東を日田市夜明の西側まで、南側を大牟田市まで、西側を六角《ろっかく》川流域までを筑紫平野とする。ここでは筑紫平野をさらに三つの平野に区分し、耳納山地北側の両筑平野、脊振山地南側の佐賀平野、筑後川下流域以南の筑後平野とした。

◆邪馬台国（邪馬臺國）か邪馬壹國か

「邪馬台国」が、『魏志』倭人伝に出てくるのは一回きりである。しかも、『魏志』倭人伝の写本

（紹興版・紹興本）にしか残っていない。写本では邪馬台国の「台」の古字「臺」は「壹」になっていて、「邪馬壹國」と記述されている。いろいろな部分で写し間違いのある国宝『翰苑《かんえん》』では「邪馬嘉國」とある。『後漢書』東夷伝では、「邪馬臺國」になっている。いずれが正しいか、筆者には判断がつかない。今回の書は、音韻や字句から邪馬台国を考えるものではないので、学会でも多数が容認する「邪馬台（臺）国」を使うことにする。

◆**卑弥呼**

「卑弥呼」にしても謎の多い人物である。実名か「日巫女《ひのみこ》」かわからないが、ここでは人物の固有名詞としておく。

卑弥呼は、『魏志』倭人伝には「倭の女王」として登場する。「倭」と「邪馬台国」が同じものか違うものか、その関係については意見の分かれるところである。本文では特に「…の」と限定していなければ、「倭」あるいは「邪馬台国」の女王という意味に解釈していただきたい。

続・邪馬台国論争の新視点―倭人伝が語る九州説―目　次

第一章　卑弥呼の性格

卑弥呼のイメージができた背景

弥生時代に生きていた卑弥呼は、ほんとうはどのような性格だったのだろう。性格といっても、穏やかだとか、勝ち気だというような個人の性格を言っているのではない。邪馬台国時代の社会において、どのような存在だったのかということである。

多くの人が想像する卑弥呼は、凛々《りり》しい、頼もしい、神々《こうごう》しい等々、いろいろな美辞礼賛の形容詞が似合っているようだが、可憐《かれん》とか、健気《けなげ》という、か弱さを形容するような表現はあまりないように思える。

もちろん邪馬台国という国をまとめる指導者であるから、民衆を導くための力強さが強調されて伝えられることはあったであろう。しかし、ほんとうの卑弥呼はそのように力強い指導者だったのだろうか。

そのような卑弥呼のイメージを作り上げたのは、いったい何だったのだろう。

現代人がイメージする卑弥呼は、社会学的に見ると、歴史学的に見られてきた卑弥呼と少し違っている。

邪馬台国のことが、一般の人たちにも語り始められたのは、第二次世界大戦以後のことである。それまでの古代史の禁忌《きんき》が破られて以後のことである。中でも邪馬台国ブームの火付け役になったのは、宮崎康平の『まぼろしの邪馬台国』である。一九六五年から劉寒吉《りゅうかんきち》の勧めで『九州文学』に執筆を開始し、その後これをまとめて一冊の本にしたものである。宮崎康平の名が世に知れ渡ったのは、邪馬台国研究者としてよりも、むしろ盲目になりながら二番目の妻和子の献身的協力によって、この本の出版にこぎつけたその生きざまに多くの人が思いを寄せたからであった。宮崎のように、歴史研究者でない人、あるいは専門の歴史教育を受けていない人たちが、自由闊達に意見を述べるようになったきっかけがこの本である。[註1] 私たちが邪馬台国の本を出版して、多くの人がそれを手に取って読んでくれることを思えば、邪馬台国ブームを作ったその功績に異議を唱える者はいないと思う。

実は、宮崎康平と同じ時期に、一般人に邪馬台国のことを知らしめたものがある。手塚治虫《てづかおさむ》である。手塚は一九六七年に『火の鳥』で、邪馬台国女王卑弥呼を取り上げている。[註2] 物語では、すでに年老いた卑弥呼が、自分の不老不死をかなえてくれる不死鳥である火の鳥の血を部下に探させるのである。しかし、火の鳥をとらえることがなかなかできず、願いがかなえられないと、烈火のごとく怒るのである。そのとき卑弥呼は、「私は神です!!　何でもできるのよ!!　なんでも!!」と配下の人間に当たり散らし、ヒステリーの極限にある独裁者として描かれている。その漫画の邪馬台国の舞台になったのは、火の山、すなわち阿蘇山がある九州である。現在、六〇代以上の方は、卑弥呼と言えば、まずこの手塚治虫作品を思い出す方も多いと思う。

映画の世界でも卑弥呼が取り上げられている。篠田正弘監督の『卑弥呼』は、岩下志麻を主演にした映画である。卑弥呼は、神の言葉を聞く巫女であり、まつりごと全体を執り仕切っているのだが、あるとき自分の前に現れたタケヒコという若い男に心を奪われ、まつりごとをないがしろにするようになる。それをとがめたムラ長《おさ》を殺してしまい、またタケヒコが別の女性と良い仲になると、それを恨んでタケヒコに入墨を彫ってムラから追放したり、やりたい放題のことをする。そうした卑弥呼の姿は、傲慢でヒステリーに描かれている。

二〇〇八年には、先の『まぼろしの邪馬台国』が映画化された。最近の作品なのでご覧になった方も多いと思う。竹中直人演じる宮崎康平は、島原鉄道の常務取締役だった一九四九年、昭和天皇地方巡幸で列車の通る島原鉄道の災害復旧工事で目を患い、翌年失明した。それを契機に邪馬台国研究に没頭するのだが、それを支える妻・和子を演じる吉永小百合が、夢の中で卑弥呼になって、吉野ヶ里遺跡の楼観の上に立つ。その卑弥呼はやさしい卑弥呼ではなく、やはり毅然としている。

絵画の代表作は、安田靫彦《ゆきひこ》の『卑弥呼』であろう。安田画伯は卑弥呼を題材にして、二つの作品を描いているのだが、その二つを比べるとたいへん興味深い。両方の作品とも口元をぎゅっと引き締め毅然とした表情を示しているところに変わりはないのだが、注目すべきはその服装と背景である。先に書かれた一九六八年の『卑弥呼』は、火を噴きだす山を背景にして、その前でその火に負けない強い意志を示して毅然と立っている。背景の山は峰が五つあり、火を噴いていることから阿蘇山をイメージしたと思われる【図1】。

火と言えば、この絵にはもう一つ火を象徴するものが描かれている。それは冠に金色で描かれた鳳凰、火の鳥である。阿蘇山と言い、火の鳥と言い、安田画伯は前年に出版された手塚治虫の『火の鳥』に影響を受けたのではないかと思われる。実際、どんな絵画を描くにあたっても安田画伯はしっかり

図１　安田靫彦 作『卑弥呼』（1968年、滋賀県立近代美術館）

図２　安田靫彦 作
『大和のヒミコ女王』（1972 年）

時代背景を勉強したとされているので、その可能性はあったと思われる。そうすると、最初の卑弥呼を描く安田画伯の心の中では、卑弥呼は九州にいたということになる。いわば、邪馬台国九州説に基づいた絵画である。

ところが、その四年後の一九七二年に安田画伯は、同じ卑弥呼を題材にした『大和のヒミコ女王』を描く【図2】。名前からして、わざわざ「大和」と付け、しかも「女王」とまで言い切っている。

この作品には、同じ年の一九七二年三月二一日に発見された高松塚古墳の影響が見られる。この絵に描かれている卑弥呼の服装が天平風に変わり、裾の縦長の配色などを見ると、まさに高松塚古墳で発見された壁画の官女の姿に似ている【図3】。高松塚古墳の発見が、安田画伯の九州の『卑弥呼』から『大和のヒミコ女王』への転換の動機になったと考えられるのではないだろうか。

この『大和のヒミコ女王』の注目すべきところは、冠が蓋《きぬがさ》に変わり、手に杖《じょう》を持っていることである。いずれも古墳時代に入ってからの王、貴人にしか使用されない道具である。九州の土族酋長であった先の『卑弥呼』は、強大な権威を持った『大和のヒミコ女王』に変わって描かれている。背景もずいぶん変わっている。背景の山は、先の『卑弥呼』の猛々しい阿蘇山のような山ではなく、『大和のヒミコ女王』ではずいぶん穏やかな良く整った土饅頭のような神奈備型《かんなびがた》の山になっている。この山のイメージは、大和にある三輪山《みわやま》のようである。

安田画伯が、最初の卑弥呼を描いてから二度目の卑弥呼を描くまでの、この四年の間にどのような心境の変化があったのだろうか。私には美術的な価値は、さっぱりわからないが、この二つの卑弥呼が提起するものは面白い歴史的テーマだと思う。

図３　高松塚古墳壁画
（国（文部科学省所管））

このように、さまざまな娯楽・芸術分野で人々の目に触れてきた卑弥呼は、人々の間に、どちらかというと強くたくましいイメージを定着させてきた。この風潮は現代の専門的な歴史研究者たちにも影響していると思われる。

卑弥呼、歴史舞台に登場

歴史的な話に戻るが、卑弥呼が周りからどのように扱われていたのかを、『魏志』倭人伝の少ない記述から読み取ろうとする試みがなされてきた。

『魏志』倭人伝には、卑弥呼が登場する場面が次のように書かれている。

其の國、本亦男子を以って王と爲し、住まること七・八十年。倭國亂れ、相攻伐すること暦年、乃ち共に一女子を立てて王と爲す。名づけて卑彌呼と曰う。

その国では、もともと男子が王位についていたが、そうした状態が七、八十年もつづいたあと、〈漢の霊帝の光和年間に〉倭の国々に戦乱がおこって、多年にわたり互いの戦闘が続いた。そこで国々は共同して一人の女子を王に立てた。その者は卑弥呼という。

また『後漢書』東夷伝にも似たような記事が見られる。

桓・霊の間、倭国大いに乱れ、更々相攻伐し、歴年主なし。一女子あり、名を卑弥呼という。

さてここで、注目しなければならないことは、卑弥呼は自分の力で女王になったのではないということである。文章を読むと、倭の国々が長年の戦争によって乱れ、おそらくかなり疲弊したのであろう。そのため戦いに加わっていた諸国が戦争を終わらせるために協力し、納得して担ぎあげたのが卑弥呼だというのである。

実際、ここではそのときの卑弥呼が歴史舞台に登場する様子は、卑弥呼の立場を示すような書き方がなされている。つまり、誰でも良いから一人の女性をみんなで祭り上げて王としたが、その人がたまたま卑弥呼という名であったというような書き方である。卑弥呼という人物こそがこの戦乱を終わらせるために大切な人物であった、というような書き方ではない。

こういうところに、卑弥呼という人物の一つの性格が出ている。卑弥呼が自らの力で邪馬台国を率いて、倭国、あるいは邪馬台国連合という広い範囲の国を治めたカリスマ的なディスポット（独裁者）ではなく、みんながなんとか支えて国々の安定を保つことができたひ弱な存在を想像させるのである。

皆さんは、遠藤周作の『イエスの生涯』をお読みになられたことがあるだろうか。遠藤周作は、クリスチャンでありながら、イエスが奇跡を起こしたり、予言があたることなどなかったと書いている。そんな何もできない、弱い惨めなイエスが最後に民衆を扇動する罪人とされて、ゴルゴダの丘に登るとき、道々民衆から罵声や石つぶてを投げ付けられても何もできずにただ十字架を背負って殺されていく。そんな無力な人間こそ、いちばん気高いものとして人々により多くの共感を与えた、それがキリストであるというのである。(註3)

もっともこの解釈はキリスト教義においては主流ではないし、ときには異端視されているらしいのであるが、か弱い指導者だからこそ、みんながなんとかしようという社会関係は、現代社会においても実際あるし、そういう社会の仕組みは、私たちがこの社会を生きていくときに、問題を解決する一つの方法として重要な視点かもしれない。

邪馬台国研究の第一人者である水野祐は次のように書いている。

「彼女は完全なるディスポットではない。彼女は王等の共立によるルーズな聯合国家の君首であるに過ぎない。彼女が祭司としての権威によって女王としての地位についたのであるが、彼女の男弟王の政治的権力だけでは二十八ケ国を統属せしめることはできなかったことは卑弥呼の死後の内乱によって明らかである。(註4)」

このように、歴史学の世界では、卑弥呼を完全なる支配者と見ない意見を持つ人も多い。

ところが、卑弥呼の死んだときには、次のような文章が出てくる。

卑彌呼以って死す。大いに冢を作る。徑百餘歩、徇葬する者、奴婢百餘人。

卑弥呼が死ぬと、大規模に冢が築かれた。その直径は百余歩。奴稗百人以上が殉葬された。

これでは、とても卑弥呼をひ弱なだけの存在だったと見ることはできないだろう。卑弥呼は、死ぬ間際には、それほどの権力者に成り上がるのである。それでは、卑弥呼がみんなに共立されてから死ぬときまでの間にいったい何があったのであろう。

『魏志』倭人伝に書かれていない時期の卑弥呼

『魏志』倭人伝の文章の中に卑弥呼のことが書かれているのは、最初に卑弥呼が出てきたときと晩年の記事しかない。晩年の登場場面は、敵対する狗奴国との抗争の中で、中国・魏に後ろ盾になってくれることを望んでしきりに朝貢した一連の記事である。

卑弥呼が即位したのは、『魏志』倭人伝と『後漢書』東夷伝の記事を読み合わせると西暦一八〇年頃と推定されるが、次に卑弥呼が現れるのは、景初三年（二三九）である。その間の約五〇年は年代がわかる記事がなく、その動向が不明になっている。この間、卑弥呼は何をしていたのだろうか。卑弥呼の日常の様子が描かれた文章がある。

> 鬼道に事え、能く衆を惑わす。年已に長大なるも、夫壻《せい》無く、男弟有り、佐《たす》けて國を治む。王と爲りしより以來、見る有る者少なく、婢千人を以って自ら侍せしむ。唯〻男子一人有り、飲食を給し、辭を傳え居處に出入す。宮室・樓觀・城柵、嚴かに設け、常に人有り、兵を持して守衛す。

> 鬼神崇拝の祭祀者として、人々の心をつかんだ。彼女はかなりの年齢になっても、夫はなく、その弟が国の統治を輔佐した。王位に即いて以来、彼女に目通りした者はほとんどない。千人の侍女を自分のまわりに侍らせ、男子がただ一人だけいて、飲食物を運んだり、命令や言上の言葉を取り継いでいた。起居するのは宮室や楼観の中で、まわりには城壁や柵が厳しくめぐらされ、兵器を待った者が四六時中、警護にあたった。

> 年長じて嫁せず、鬼神の道に事え、能く妖を以って衆を惑はす。是に於いて、共に立てて王と為す。侍婢千人。見る有る者少なし。唯々男子一人有り、衣食を給し、辭語を傳え、居居・宮室・樓觀・城柵、皆兵を持して守衛し、法俗厳峻なり。（『後漢書』東夷伝）

卑弥呼は鬼道を事としていたと書かれている。「事」というのは、生業でもなく仕事でもなく、現代風に言えば天皇の行う祭事行為のようなものである。鬼道というのは大きく二つの説があって、一つは民間信仰的なもの、もう一つは、当時中国では公に認められていないが、民間に普及していた道教である。

話は変わるが、占い師は、究極のカウンセラーとも言われることがある。良い占い師は、これから起きることを言い当てるのではなく、相談相手の話をよく聞いて、相手方が考えている方向へ導くヒントを与えるのである。それを意識的に行っているのか無意識に行っているのかわからないが、基本は相手の話をよく聞いてあげることである。卑弥呼が「能く妖を以って衆を惑はす。」つまり民衆を導く能力を持っていたというのは、相手に合わせてそれが望む方向へ導くことが得意だったからだろう。また、そうでなければ、難しいこの時代を乗り切れなかったのであろう。

『魏志』倭人伝には、卑弥呼共立の前に男の王がいて、それが国をまとめようとしたけれどもうまくいかなかったと書かれている、そのために、みんなで卑弥呼を女王にしたとも書かれている。つまり、専制的・独裁的な象徴である男の王では国が治まらずに、権力のない、祭祀が得意な女性を王に据えたのである。そしてこの女王卑弥呼は、それから実に五〇年もの間、倭国あるいは邪馬台国を治めていた。このように長期にわたり女王でいることが可能なのは、卑弥呼が極めて調整能力の高い人物だったことを想像させる。

私は、卑弥呼の「鬼道に事え」の文章を、諸国のもめ事、国内のもめ事に対して、みんなはどうすれば良いかという考えをよく理解し、みんなの思いを神の声という手段によって伝え、それに従うように仕向けたことだと想像している。それが卑弥呼の鬼道だったと思う。

卑弥呼の危機

さて、そのような卑弥呼だったのであるが、周囲の人々は、ときにはその卑弥呼の権威を利用しようと考えるようになるのではないだろうか。『魏志』倭人伝を読む限り、卑弥呼が即位してから約半世紀は、対外的に大きな問題もなかったようである。何も記録することがなかったからであろう。安定した邪馬台国連合の運営がなされていたのであろう。

皆さんも会社や役所や自治会やあらゆる組織の中で経験があると思うが、そうした安定政権が続くときには、必ずどこかに取り返しのつかない大きなほころびが出てくるのである。そういう反省があるからこそ、任期という制度があるのだが、権限を一度握るとそれを手放したくないことも良くある。

『魏志』倭人伝には、卑弥呼の専制君主ぶりが描かれている。千人の侍女を自分のまわりに侍らせたり、身の回りを世話する男子が一人いて、飲食物を運んだり、命令の言葉を取り次いだりしている。こういう組織ができると、言葉を取り次ぐものが権力を持つようにもなる。寝起きするのは、普通の竪穴住居ではなく、宮室や楼観という建物で、そのまわりには城壁や柵が厳しくめぐらされる物々しさである。兵器を待った者が四六時中、警護にあたったというのは、親衛隊のような労働をしない軍事集団を思わせる。

もちろんこうした記録は、全部中国の使者が見聞きしたものを書き留めたものであるから、多少中国的な感覚が入っているのであろう。それでも共立されて出てきたときから見れば、卑弥呼の権力は

図4　吉野ヶ里遺跡の宮室とされる建物（著者撮影）

大きくなっていた様子がわかる。

古代史研究者直木孝次郎は次のように書いている。

「卑弥呼が立ったときは、首長の力で立てられたのですから、あまり大きな力は持っていなかったかもしれません。しかし、『鬼道を事とし、能く衆を惑わす』というかたちで、三〇年、四〇年と卑弥呼の支配が続けば、かつては共立されたにしても、だんだん卑弥呼の長年の支配による権力組織、支配組織ができてきて、『魏志』倭人伝の著者が邪馬台国についての知識を得た三世紀の半ば近いころには、卑弥呼の力は、かつてうら若い娘で擁立されたときよりは、違ってきていたのではないでしょうか。[註5]」

最初は、みんなに可愛がられて健気に職務を果たしていた女の子が、五〇年たてば、したたかさが身につくこともあるだろう。それとともに世間の見る目も変わってくるのもまた当然のことである。いつまでも諸国が共立して、その間を取り持つだけの卑弥呼ではなくなったことは容易に想像できることである。

直木は続けて次のように書く。

「共立されたけれども、共立という性格が半世紀のちまでずっと続いていたのではなくて、半世紀の間に、かなり専制的な性格を卑弥呼自身が持つようになった、と考えた方がよいのではないかと思います。要するに、卑弥呼共立段階と、魏の使いが日本列島に来た段階、邪馬台国に直接来たかどうかはわかりませんが、少なくとも北九州まで来て、卑弥呼の支配についての知識を吸収した四、五〇年後の段階は区別して考えた方がよい、あとの方が卑弥呼の権力が高まってきていたに違いないというふうに考えるべきだろうと思います。」

卑弥呼は、一人の人間だったのか、それとも、新井白石が言ったように、巫女のような立場の名称であって、二人以上の人間だったのか、それはどちらでも良いが、卑弥呼が歴史上に現れてから死ぬまでの四・五〇年の間に、その性格が変わったということである。

卑弥呼を王とする統治体制が長期にわたると、大きな問題点が出てくる。実際、『魏志』倭人伝では、卑弥呼が狗奴国との抗争で死んだと考えられる正始八年（二四七）直前には、次のように緊迫した状況が記録されている。

卑弥呼の死

『魏志』倭人伝には、景初二年（二三八）の記事として、突然、卑弥呼が再登場する（本書では、この事件は、多くの研究者が指摘する景初三年の誤りという説に基き、原文からの引用を除き景初三年に統一している）。

●景初二年六月、倭の女王、大夫難升米等を遣わし郡に詣り、天子に詣りて朝献せんことを求む。
●其の年十二月、詔書して倭の女王に報じて曰く、「親魏倭王卑彌呼に制詔す。」
●正始元年（二四〇）、太守弓遵、建中校尉梯儁等を遣わし、詔書・印綬を奉じて、倭國に詣り、金帛・錦罽・刀・鏡・采物を賜う。
●其の四年（二四三）、倭王、復た使大夫伊聲耆・掖邪狗等八人を遣わし、上獻す。
●其の六年（二四五）、詔して倭の難升米に黄幢を賜い、郡に付して假授せしむ。
●其の八年（二四七）、倭の女王卑彌呼、狗奴國の男王卑彌弓呼と素より和せず。因って詔書・黄幢を齎らし、難升米に拜假せしめ、檄を爲りて之を告喩す。
●卑彌呼以って死す。大いに家を作る。

以上のように、卑弥呼は中国の魏に頻繁に接触する。頻繁に接触があったために中国側の記録に残り、『魏志』倭人伝に記述があるのである。その中でいちばん重要なことは、軍事的な影響力を行使するように求めていることである。その理由は、正始八年のところにあるような「狗奴國の男王卑彌弓呼と素より和せず。」という狗奴国との戦いであった。水野祐は次のように書いている。

「この邪馬台国聯合国家が強大な専制国家にまで成長していなかったことは、この国の南隣に位《ママ》した狗奴国と抗戦し、これを屈服せしめることができなかったこと、したがってこれが大和国家の如き強大な統一国家ではなかったことを物語るものである。[註6]」

水野祐は、邪馬台国連合が、古墳時代のヤマト王権のように強力ではなかったために、こういう紛争に収拾がつかなかったと述べている。ここにも邪馬台国九州説の視点が見られる。

水野は、邪馬台国連合が互いにけん制しあい、伝統的な民主的運営から抜け出せなかったところに軍事的な弱さがあったと主張し、反対に専制的に権力を集中する南隣りの狗奴国との抗争に邪馬台国連合が敗れたという大胆な考えを披歴している。確かに北部九州の遺跡を見渡すと、近畿地方における纒向遺跡のような、絶対的に大きな遺跡がなく、吉野ヶ里遺跡程度の規模のものがいくつもある北部九州の遺跡の状況は、まさにお互いにけん制しあい、昔からの伝統的な原始的民主制（第四章第二節を参照）から抜け出せなかった社会に合致している。

邪馬台国の勢いが、最後になくなってしまったことは、北部九州の遺跡が古墳時代の初めに入ると、どこでも突然小さくなったり少なくなったりする現象や、それまで最高の祭りの道具であった青銅器がバラバラに割られて捨てられたり、鋳型を捨てて生産をやめてしまう現象によって十分に説明がつく。卑弥呼の国を滅ぼした相手が狗奴国だったかどうかはわからないが、最終的には、近畿地方に中心のある古墳文

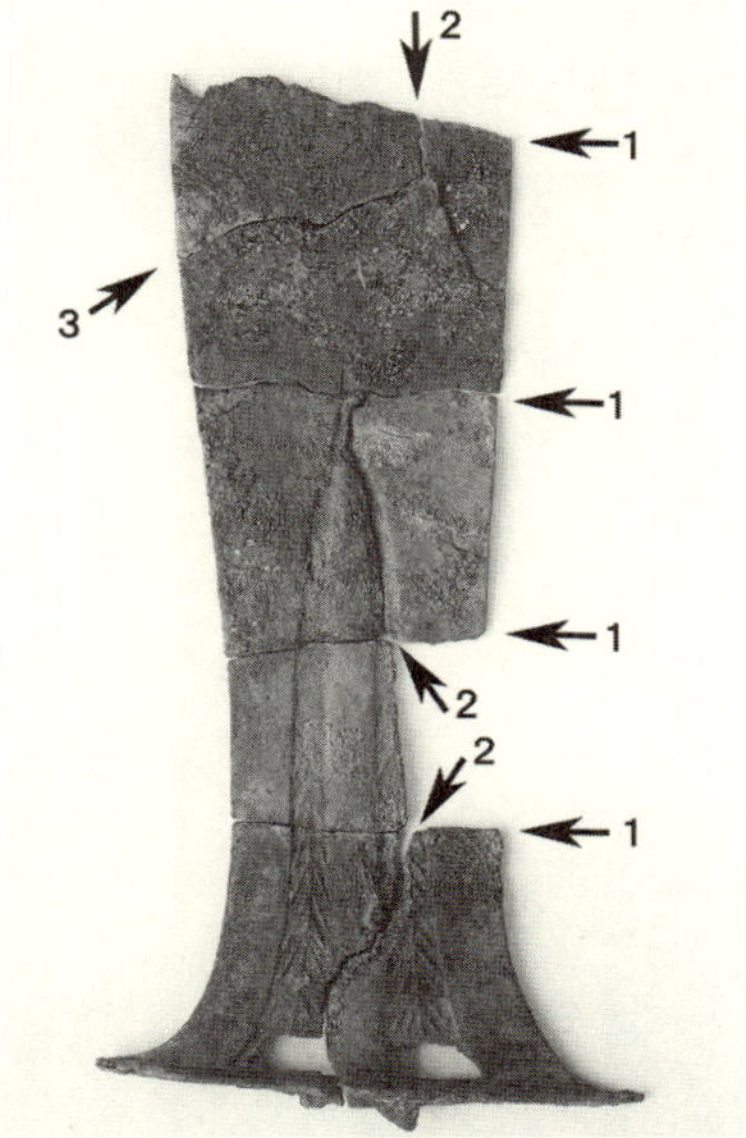

図５　みやこ町国作八反田遺跡からバラバラになって出土した銅戈

（註７より一部改変、みやこ町歴史民俗博物館所蔵）
番号は割られた順番を示している。

化が九州を席巻《せっけん》することから、ヤマト王権に屈服したことは確かである。

卑弥呼の死後

卑弥呼が死んだあとの社会はどうなっていったのだろうか。晩年の卑弥呼のような専制的な支配体制が一人の王に受け継がれていき、その専制体制が発展し続いたかというとそうではない。

なぜなら、『魏志』倭人伝には卑弥呼の死後の事件が次のように書かれているからである。

卑彌呼以って死す。大いに家を作る。徑百餘歩、徇葬する者、奴婢百餘人。更に男王を立てしも、國中服せず。更〻相誅殺し、當時千餘人を殺す。復た卑彌呼の宗女壹與年十三なるを立てて王と爲し、國中遂に定まる。

図６　小郡市津古東台遺跡で土器とともに投げ捨てられた状態の銅矛鋳型とその本体
（いずれも小郡市教育委員会提供）

卑弥呼が死ぬと、大規模に冢が築かれた。その直径は百余歩。奴稗百人以上が殉葬された。つづいて男王が立ったが、国じゅうの者が心服せず、殺し合いがつづいて、このとき、千人以上の死者が出た。そこで卑弥呼の親族の娘壱与が立てられ、十三歳で王となって、国の中もやっと安定した。

卑弥呼の死後、男の王が立ったが、国じゅうのものが心服せずに再び卑弥呼のような、かよわい女性が女王になって国がまとまるのである。卑弥呼の後に再び共立されたのは、卑弥呼から見て宗女にあたる壱与であった。「宗女」というのは、卑弥呼と血縁関係にある一族の女という意味である。その歳が十三歳であることから、どう見ても自分ひとりで、主体的に諸問題を判断し解決したとは思われない。つまりこれは、まだ強大な権限を持った一人の王を頂点にして、国が治められる階級社会にまで発展しなかったということを示している。

卑弥呼の性格から見た九州説

このように、邪馬台国の盟主とされる卑弥呼や壱与の性格をどう捉えるかによって、当時の社会の見方が変わってくる。邪馬台国連合が一人の絶対的な女王によって統治されていたのか、祭祀を得意にする女性が、女王に祭り上げられてみんなに気配りしながらかじ取りをしていたのか。卑弥呼の性格一つをとっても、それがこれから述べるように、国の誕生に繋がる古墳文化の社会ができつつある近畿を中心とした地域に邪馬台国があったのか、あるいは小さな国々が集まって共同して運営されていた北部九州を邪馬台国と見るのか、その所在地論争にも深く繋がってくるのである。

卑弥呼は、どのような人物だったのか、その見方によって邪馬台国の九州説か近畿説かという違いに繋がっていることがおわかりになったと思う。

こうした社会のあり方は、現代の日本社会を見ていく上でも、参考になる。

役所や会社の中に、とても有能なリーダーがいたとしても、その人が一人でその組織をまとめ、運営していけないことは、皆さんも経験上おわかりになることと思う。むしろワンマンなリーダーが、引っ張っていく組織の方が少ないのではないだろうか。

内部の職員が皆優秀かと言えばそんなことはない。ほとんどの人は秀才ではないのである。そういう人でも、年齢とともに責任がある立場になっていく。それでもやって行けるのは周囲の人が支えているからである。私は、邪馬台国九州説派だからかもしれないが、私には卑弥呼が諸国に支えられてみんなに配慮しながらやっていくことのできた人物に見えてくる。

日本の国の始まりを考えるときに、欠かすことのできない邪馬台国、そしてそのリーダーだった卑弥呼像は、単に邪馬台国がどこにあった、卑弥呼はどこに住んでいたということばかりでなく、きっと現代社会に生きる私たちに、歴史という分野を通してこれからの社会がどうあるべきかの重要さを教えてくれるものだと思う。

第二章　邪馬台国時代の階層

第一節　「尊卑」という認識の発生

魏使がみた「尊卑」

まず、邪馬台国時代の社会を見ていく上で、それがどう発展したのかを、最初は身分の違い、難しい言葉で言うと階層・階級という点から考えてみたい。

大きく見て邪馬台国時代には、身分に基づく人間の社会的区分があった。それを階層というが、『魏志』倭人伝には、階層の端的な表現として「尊卑」という用語が使われ、身分差が存在したことを示す文章がある。

その部分を示しておこう。

1、諸國の文身各ゝ異り、或は左にし或は右にし、或は大に或は小に、尊卑差あり。

2、尊卑各ゝ差序有り、相臣服するに足る。

「文身」というのは入墨のことである。最初の文章は、入墨を入れる場所が、左右の違いであったり、大小の違いがあったりするが、それは「尊卑差あり」、つまり「尊い人と卑しい人」という身分の差によって区別されている、という内容である。

弥生土器に入墨のある顔が表現されたものには、弥生時代中期の京都府向日市森本遺跡の人面付壺形土器、弥生時代後期の岡山県倉敷市上東《じょうとう》遺跡出土人面線刻土器、弥生時代終末期の愛知県安城市亀塚遺跡出土弥生土器のように日本各地に出土例がある。北部九州の弥生時代遺跡で、人間の顔を表現したものには、土器に書かれたもの、土器そのもので人間の面を作ったものや木に描かれたもの、青銅器に浮き出されたもの等があるが、その量はあまり多くない。

そのうち、北部九州で入墨を表現したものには、弥生時代後期の糸島市上鑵子《じょうかんす》遺跡の木板に描かれた人面がある【図7】。

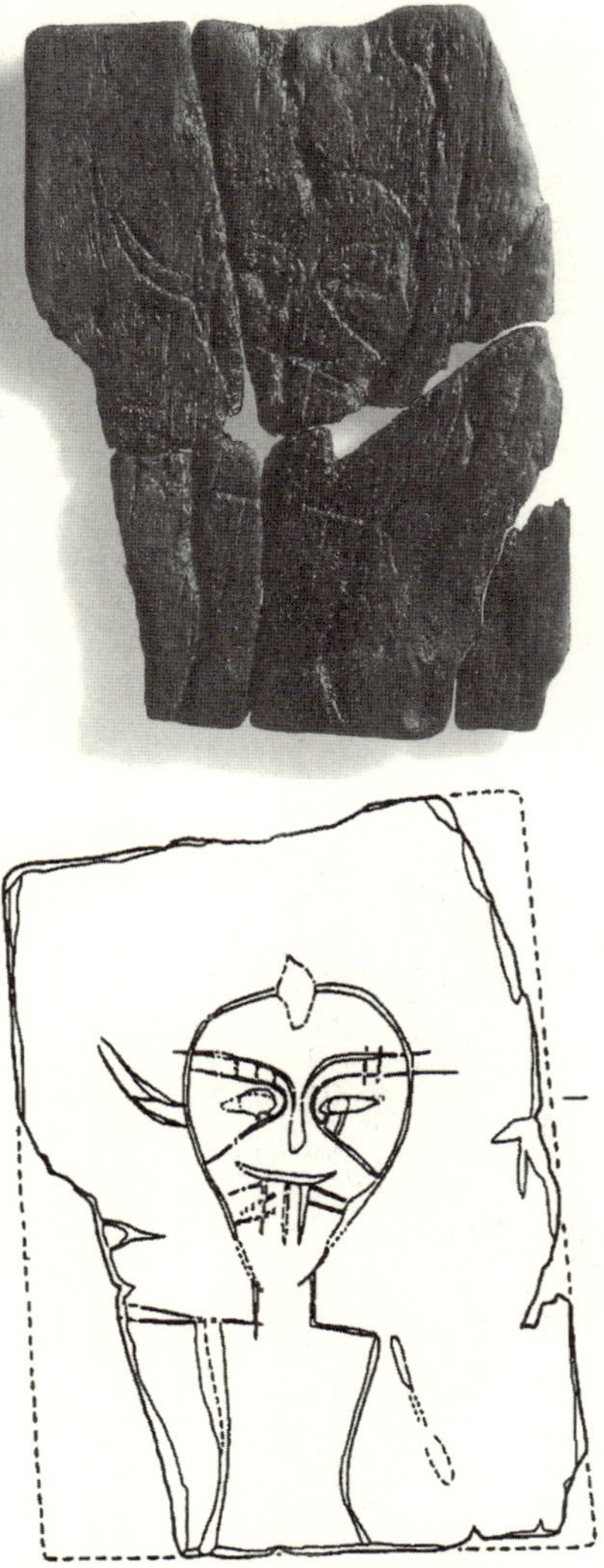

図７　糸島市上鑵子遺跡出土の弥生時代後期木板に描かれた入墨のある人面
（註１、写真提供：伊都国歴史博物館）

しかし、北部九州の弥生時代遺跡の人面を表現する遺物には入墨のないものが多い。鳥栖市柚比本村《ゆびほんむら》遺跡出土の鐸形土製品は、目だけが表現されているものの入墨はない（註2）【図8】。青銅器に描かれた顔には、福岡市白塔《しろとう》遺跡出土銅戈、及び伝福岡県出土銅戈の茎《なかご》に鋳出された人面があるが、それにも入墨はない（註3）。

『魏志』倭人伝では、

男子は大小と無く、皆黥面文身す。

とあって、倭人の風習として男は、大人《おとな》も子供も全員入墨をしていたとある。そうすると入墨のないものは、女性を表現したものだろうか。断定はできないが、北九州市長野小西田遺跡、同市松本遺跡の土製品や同市城野遺跡の石棺に書かれたものが人物であって、その中のいくつかの線が入墨を表現しているという見解もある。それらの長野小西田遺跡・松本遺跡・城野遺跡三例は別にして、前者の上鑵子遺跡・白塔遺跡・柚比本村遺跡の例はどちらも祭祀的な性格を持つ遺物である。今日考古学的資料として残されているのは、そうした特殊な人物だけである。『魏志』倭人伝にはその入墨の入れ方の違いを示す「文身各〻異り」の文言

図８　柚比本村遺跡出土の目が描かれた鐸形土製品（註２、佐賀県提供）
弥生時代中期後半の土壙から出土した。

がある。しかし数少ない考古学的資料の中から、それを「尊卑差あり」が示す格差や序列があったことに結びつけて考えることは、今のところ難しい。

それでも、文字記録の上でそれを記録した中国の使者が、当時の倭人の入墨を通して、階層社会があったことを認識していたことがわかる。

社会規範としての尊卑のはじまり

ところで、入墨は身分の差序により違いがあるとされるが、人により「尊卑」の差があるという認識は、そこに生きていた邪馬台国時代のどの人々にもあったのであろうか。富めるものを羨み、貧しさを嘆くという感情は、いつの時代にもあるのであろうが、それが社会の仕組みの中で「尊卑」と認識できるのは、「尊卑」が社会の中に定着し、その社会の人、皆がそれを日常的に当然のものとして、受け入れる考え方が固まってからである。そういう点では、邪馬台国時代の人が、そこに暮らす自分たちが「尊卑」というヒエラルヒー（階級）の概念を持っていたかどうかというところは疑問である。

どのような社会の中にも、尊卑の差があることは当然のような気もするが、私は、高校時代にその当時あった「倫理・社会」という科目で学んだ一八世紀フランスの哲学者ジャン・ジャック・ルソーの『人間不平等起源論』を思い出す。ルソーは封建社会に疑問をもち、不平等の起源と拡大について論じた。原初的な自然状態において、人間の本性には不平等という考えはほとんど無いが、やがて人間の能力と精神が発達することによって、不平等が法律にかなった当たり前のものになってきたときに初めて不平等が確立されたと考えた。そしてそこから引き出される結論として、法によって認められるようになった道徳的不平等は、身体的不平等などの自然法に基づく不平等よりも大きくなった。そして、身分の違いや格差など文明が作りだした不平等こそがもっと惨めで不幸なものだと考えた。(註4)

その後、一九世紀に入って、ますます格差が社会に拡大する中で、生産と余剰生産による拡大再生産がもたらした富の不公平な分配が、階級を生み出したということを歴史的に明らかにしたマルクス・エンゲルスの唯物史観が歴史学に与えた影響は極めて大きなものがあった。

考古学の世界でも、一九五一年に発表されたヴィア・ゴードン・チャイルドの提唱する「新石器革命」もその影響を受けた考えである。農耕と牧畜の開始までは、社会における構造的・必然的な階層の存在はなかった。しかし、西アジアの肥沃《ひよく》な三日月地帯における農耕と牧畜による食糧生産開始が、人間の都市への集中から都市国家をつくり、そこに指導者が生まれ、人々の間に階層が発生したと説いた。チャイルドはこれを「新石器革命」と呼んだ。(註5)

弥生時代とはまさに、人間が不平等感を持ちはじめた時代ではなかっただろうか。

日本でも戦前から、唯物史観に基づく弥生時代の土地所有や奴隷労働、階級の発生などの理論的研究がなされてきた。(註6)第二次世界大戦後、考古学への正当な評価が始まり、水稲稲作によりその社会が、階層社会に変貌を遂げ、それが階級へと発展する道筋が語られた。藤間生大は、弥生時代社会の発展を唯物史観によって解釈し、発表された著書は考古学研究にも多大な影響を与えた。(註7)

第二節　考古学から見た階層のはじまり

考古学と階層

邪馬台国の時代に階層社会がどの程度まで発展していたのかということを、考古学的に明らかにするためには、いきなりその時代に焦点を当ててみるよりも、それに至る過程を見ておかなければならない。なぜなら、社会の階層は、必ずしも平等から不平等へという、単純な道のりを経るのではなく、行ったり来たり複雑であり、しかもそれは地域によっても異なっているからである。

一九七〇年代以後の高度成長に伴う埋蔵文化財の発掘件数・新発見の考古学的資料の増加によって、弥生時代の階層社会がどのようなものであったのかが、具体的な遺跡・遺物をもとに、考古学研究者によって明らかにされてきた。

考古学研究者の一般的見解は、次のように整理できると思う。

縄文時代は、基本的に血縁関係によってその社会が成り立つ氏族社会である。ところが、弥生時代は、生産手段が稲作農耕になり、耕作地や農耕具をいくつかの氏族が共有して氏族集団が集まった世帯共同体を作る。その世帯共同体は、水の管理などを通して大きな集団になっていく。そのときに今まで連携するもっとも大事な要素であった血縁関係よりも、一定地域に生活することによって生じる地縁関係が重視されるようになっていく。そうなるとそれまでの氏族社会は崩壊し、世帯共同体から農業共同体へ発展するその規模や早さによって、共同体そのものの格差と各共同体内の構成員の格差が発展すると考えられた。(註8)

なぜ、氏族社会が崩壊したのか、その過程をもう少し詳しく説明しよう。

稲作農耕の発展が余剰生産と余剰労力を生み出し、氏族社会の中での生産活動の分業を可能にした。そして、それが氏族社会からの分離（分村化）をうながした。この分村化こそが、氏族社会を内部から崩壊させるもので、氏族社会（一つのムラ）が分村化に耐え得る余剰生産の獲得を可能にしたために、分村もその経営が可能になり、さらなる分村化が繰り返して行われることによって、血縁よりも新しい土地における地縁が重要になり氏族社会は衰退した。

氏族社会の衰退によって、その分村を含めたより大きな世帯共同体が生まれ、そして生産を通して政治的・経済的連携の生まれる農業共同体に発展する。そして、更に統合を進めて徐々にクニとしての体裁を整えていく。そうして生まれた初現的なクニは、邪馬台国時代にいたって、さらに大きなクニへと発展していき、より広域的なクニどうしの連携を持つことになった。

藤間生大の説では、世帯共同体と農業共同体の中間に親族共同体と呼ぶものを考える。親族共同体が結集した部族連合、あるいはそのいくつかが集まったものの頂点に立つのが、各国で「卑狗《ひこ》」・「爾支《にき》」・「多模《たも》」・「彌彌《みみ》」などといろいろの名で呼ばれている「官」であると考えた。(註9)

『魏志』倭人伝に書かれた国の「官」を抜き出しておこう。

始めて一海を度る千餘里、對馬國に至る。その大官を卑狗と曰い、副を卑奴母離《ひなもり》と曰う。……一大國に至る。官を亦卑狗と曰い、副を卑奴母離と曰う。……又一海を渡ること千餘里、末盧國に至る。東南陸行五百里にして、伊都國に至る。官を爾支と曰い、副を泄謨觚《せもこ》・柄渠觚《へきこ》と曰う。……東南奴國に至る百里。官を兕馬觚と曰い、副を卑奴母離と曰う。……東行不彌國に至る百里。官を多模と曰い、副を卑奴母離と曰う。……南、投馬國に至る水行二十日。官を彌彌と曰い、副を彌彌那利《みみなり》と曰う。……南、邪馬壹國に至る、官に伊支馬《いきま》有り、次を彌馬升《みましょう》と曰い、次を彌馬獲支《みまかき》と曰い、次を奴佳鞮《なかて》と曰う。

藤間の考えは、邪馬台国時代にクニと表現される社会になっても、まだその長官には氏族社会の血縁による支配関係が残っていたということである。

新しい弥生時代像の普及

二〇世紀の終わりに考古学は、発掘調査の増加と相次ぐ発見によって世の中に考古学ブームを引き起こした。考古学は、一部の研究者のものではなくなり、考古学資料をもとに一般の人を対象にした啓発的な書がずいぶん出版された。この頃に出版された考古学の多くの啓発書の中でも、日本の縄文時代社会から弥生時代社会の発展について述べた佐原真の著作は、氏自身が進める「考古学をやさしくしよう」(註10)の実践通り、一般にもわかりやすい本の代表的なものである。(註11)佐原は、考古学そのものをやさしく解説するだけでなく、考古学が現代社会に果たす意味もわかりやすく伝えた。一例として戦争の問題がある。「武器の存在、そして、武器をお墓に埋める戦士の墓というものの登場、そして武器の崇拝、そして大量虐殺、このようなものが考古学的にたどれるのはすべて農業が始まってからであります。」と書いている。弥生時代の農耕開始によって、うらみつらみの争いでなく、文化が起こした避けられない戦争は、こうして始まったと書いている。

こうして、今まで多くの人が抱いていた、のどかで平和な弥生時代のイメージは一転した。弥生時代が日本歴史において、現代社会に繋がるさまざまな問題、例えば差別、格差、戦争、環境破壊などのもとになるということを、多くの人々に伝えることになった。その集大成といえるものが、国立歴史民俗博物館他で一九九六年から翌年にかけて開催された『倭国乱る』展である。(註12)

少し道をそれるが、佐原は、戦争についてこうも書いている。「今、英知と決断を持ってこれ(＝武器、筆者補註)は捨てるべきであると決断しなければならない」。戦争の始まりを研究する考古学研究者こそ、歴史の反省から反戦を唱えることができるという現代的な問題に言及し、比較的ノンポリ世代と言われていた若者にも支持を得た。また、弥生文化の資料の揃った北部九州の遺跡・遺物を題材にして、甕棺墓等から出土する殺傷人骨の具体的な例を指し示しながら、稲作農耕に伴う水と土地の争いがやがて権力の進展を促したという橋口達也の論も、特に西日本の弥生時代研究に大きな影響を与えた(註13)【図9・10】。

こうした唯物史観による戦後の弥生文化発展論、すなわち余剰生産が階層を加速させたという、いわば通説化してきたこの意見に、疑問を投げかける研究者もいる。広瀬和雄は、そもそも弥生時代にそれほどの余剰生産があったのか、それは検証されておらず、古墳時代、律令体制の階級がそのまま弥生時代にも適用されることに疑問を呈している。「余剰」そのものについても、「食料備蓄・種籾・交易原資・

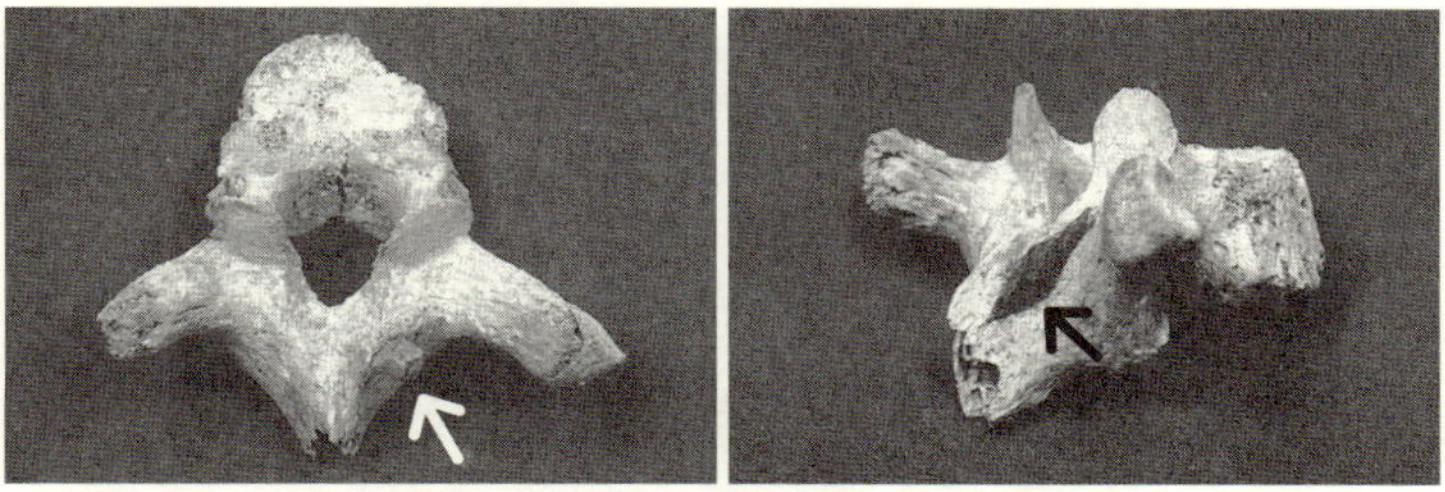

図９　柚比本村遺跡出土殺傷人骨（註 14 より一部改変、佐賀県提供）
20 歳位前後の男性人骨で胸椎に石剣が突き刺さっていた。
この人骨は、首もなく他にも左側肩甲骨にも石剣が突き刺さっていた。

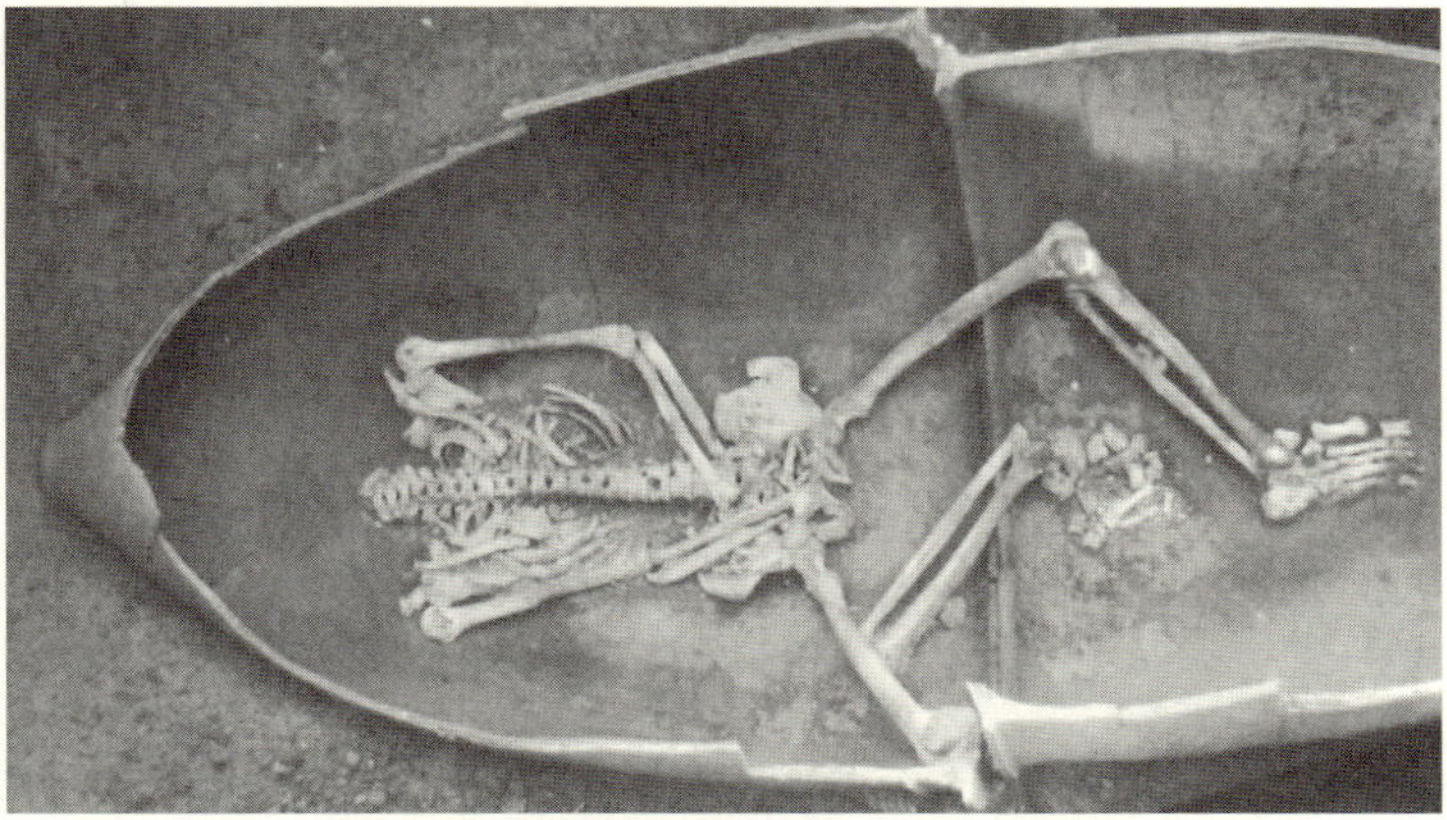

図 10　吉野ヶ里遺跡の首のない人骨（佐賀県提供）

祭料といった〈余剰〉が収量の多寡にかかわらず」準備されていたのが弥生社会を維持したのであって、現代のように余剰生産を分配する仕組みがあるという通説的な説明は成り立たず、「秋になると一斉に稲穂の垂れた美田のイメージが、どこかで弥生時代に投影されているのは否定できない」と批判している。[註15]

　飢えに直面した人間でも、手を付けてはならない種籾は決して手を付けず、翌年の稲に回したというのである。そういうことがあったのかもしれないが無かったのかもしれない。真偽は不明である。

第三節　墓にみる階層の萌芽

階層は稲作文化がもたらした

階層というシステムは、日本で農耕が始まったことが契機になって作られたものか、あるいは農耕そのものに伴って入ってきたものか、そこには議論がある。

弥生社会の階層の起源について、小野忠凞《おのただひろ》は、宅地の私的占有形態の発生から考えた。縄文時代に存在しない土地の所有形態が、稲作農耕とともに始まったと考え、稲作技術やそれに付随する文化が単に伝播してきたというものではなく、階層は、大陸からそうした所有形態を持った稲作民の移住とその社会の移植が弥生時代の生産様式や生産手段の変革をもたらしたと述べている。(註16) つまり、縄文社会の質的変化や渡来人の影響による内的発展を重視するのではなく、外圧による変化が主体だとするのである。

私も土地の私的所有形態だけでなく、弥生時代の本質とも言うべき階層社会が、縄文時代から徐々にこの日本列島に発生したのではなく、それをもたらした渡来人がすでに獲得していた文化であると考えている。つまり、渡来人は故地である朝鮮半島ではすでに階層社会に入っていたが、その社会の仕組みをそのまま日本に持ち込み、渡来人が主体となってその驚異的な人口増加を成し遂げたと考えている。(註17)そのために、この現象は、渡来人の影響が直接的に及ぶ北部九州に顕著であって、縄文人との限定的な混血はあったにせよ、稲作を伝えた渡来人が、私的所有とその差による身分・階層性を日本列島に持ち込み定着させたと考えている。階層社会の始まりは、稲作農耕を日本列島が受容したときから宿命づけられていたと考えるのである。

かつて、山内清男によって突き止められたように、東北北部と北海道には弥生文化が存在せず、経済的にも農耕に依存することのない続縄文文化の地域があった。(註18)その後弥生時代前期には、弘前市砂沢遺跡に代表されるような、東北北部の田舎館《いなかだて》式土器文化地帯まで稲作農耕文化が入っていることも明らかになって、(註19)続縄文文化の農耕文化としての見直しが行われた。(註20)

しかし、北海道を除く南九州から東北地方まで、弥生文化が存在した汎日本的地域全体が、各地域のそれぞれの事情によって、すべてそのような渡来人の先進的な文化・精神を色濃く受け入れたものでないこともわかってきた。(註21)

玄界灘沿岸部から離れれば離れるだけ、その距離に比例して縄文文化の影響が残ることは当然である。私がここで述べているのは、北部九州の弥生文化導入時期という限られた範囲の限られた時間内の大変革時の状況である。

弥生時代初期の墓

弥生時代の開始と同時に、すでに社会に階層があることを墓の調査から見ていくことにする。

　弥生時代の初期段階の墳墓の中に、すでに溝や墳丘などによって一定の区画を作り、他と区分された墓があることがわかっている。その区画で、特定の人（人々）と一般の人との墓とが区別して葬られたことは、当時においても「この人たちは違う人たちだ」と、人々から見られていたことを示している。

　代表的な遺跡例に、福岡県筑前町峯《みね》遺跡一号墳丘墓がある【図11】。

　木棺墓に供献された土器は、弥生時代前期初頭のものであり、調査担当者の所見で

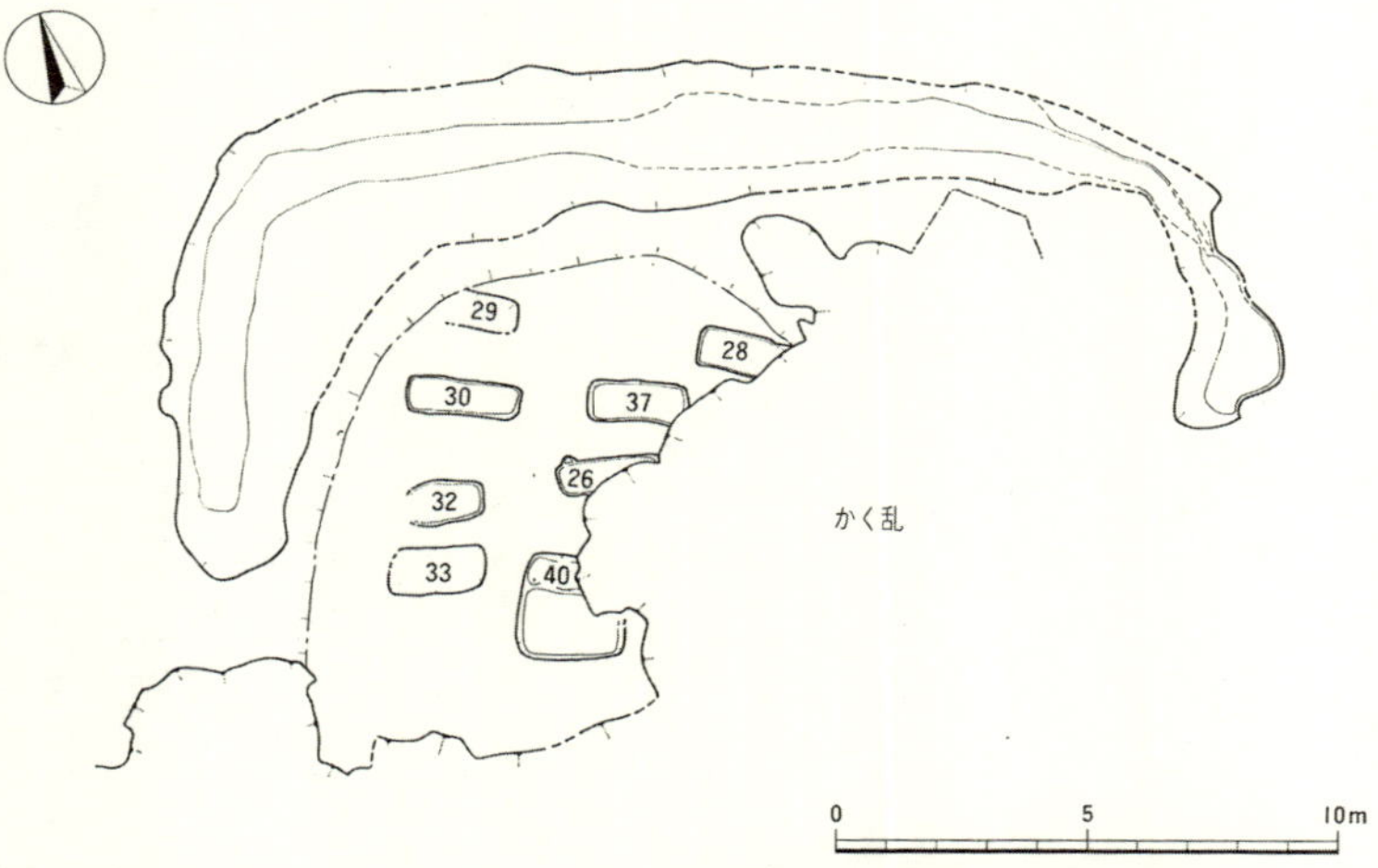

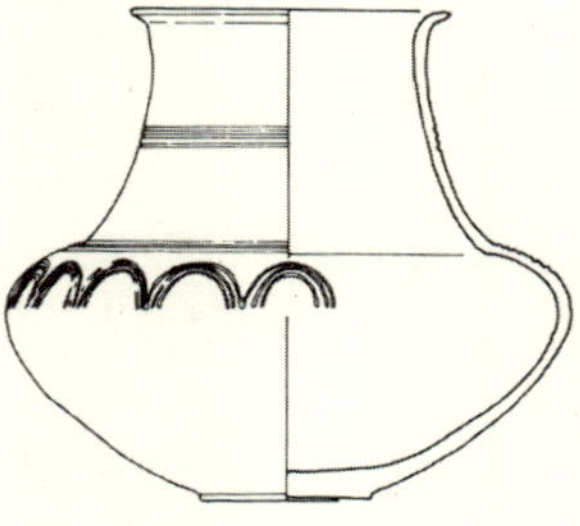

図11　峯遺跡1号墳丘墓とそこから出土した土器

（遺跡の図・土器の図ともに註22より）

V字形に深く切り込んだ深さ1.9mの溝が、コの字型にめぐり（南側の一辺は削られて不明なので、本来は全周を四角形に囲むと考えられる）、墳墓のある台状部を囲む。台状部は、東西が22.3m、南北が12.2mの長方形の平面形で、その内部には8基の木棺墓が東西方向に整然と配置されていた。しかし、墳丘の南側と東側は削られてしまって、本来はここにも木棺墓があったと見られ、もう少し多くの墓が存在したと考えられる。溝に囲まれた内側に配置された8基の木棺墓からは、少なくとも5個の供献小壺が出土している。

は、周溝は弥生時代前期初頭に掘られ、木棺墓と同時期のものとされている。(註23) また、周溝の深さや幅から想定すると、掘りあげた土は、内側に盛られていて、横から見ても、墓が認められたと思われる。今は、耕作や調査の際に削られてしまったためにわからなくなっているが、木棺墓の深さも浅いのでもともと盛り土があったことはほぼ間違いない。

この峯遺跡一号墳丘墓は、集団全部を埋葬した墓地ではなく、一部の人々を葬った墓と考えるのが妥当である。その理由は、この一号墳丘墓は明らかに溝によって、内部に埋葬される人を区別していること、これらの木棺墓を一集落全員のものとすると数が少なすぎること、当然集落内にいたはずの小児の墓がないこと、大半の墓に小壺が供献されていることなどがあげられる。

四方に深い周溝をもつという墓の形状は、北部九州全体から見ても特異なものであるが、そのような溝と墳丘という視覚的に訴える施設を整えていなくても、北部九州には、一般の人と特別な人を分けて埋葬した例はかなり見受けられる。

支石墓は渡来人の墓か

従来の墓の作り方（墓制）には見られない支石墓が、縄文時代晩期から弥生時代前期後半にかけての北部九州に出現する。支石墓とは、いくつかの石で上に乗る大きな石を支えて、その大石の下に埋葬施設を作る葬法である。この墓制が朝鮮半島からもたらされた新しいものであることは言うまでもないが、支石墓は縄文時代晩期に日本でも受け入れられ、遅くとも弥生時代中期まで続いて作られる。しかし、支石墓は、各地域でさまざまな形にも変わるし、石棺墓や土壙墓ではなく支石墓を用いるかどうかという選択も一様ではないことがわかっている。その地に定着した渡来人の子孫たちが、独自の弥生文化に発展させていった結果である。

糸島市三雲《みくも》加賀《かが》石《いし》遺跡には板付《いたづけ》I式土器の甕棺墓九基以上と隣接して、弥生時代初期に出現する特殊な形の柳葉形磨製石鏃六点を副葬した支石墓がある【図12】。同市志登では、縄文時代晩期夜臼《ゆうす》式土器期から弥生時代前期の甕棺墓に隣接して磨製石鏃一〇〇点を出土した志登支石墓がある。また同市三雲《みくも》石ヶ崎《いしがさき》支石墓でも、管玉一一点が副葬され周囲に同時期の甕棺墓・土壙墓が発見されている【図13】。

このように甕棺墓や土壙墓と隣接したところに営まれた支石墓は、集落内における渡来人指導者であり、特定の個人だけを手厚く葬った墓とされた。(註25) 私も、縄文人の中に入ってきた渡来人指導者という意

図13　三雲石ヶ崎支石墓（片岡撮影）
昭和24年に初めて発掘された支石墓である。長さ2.9m、幅2.55mの大きな標石の下には木棺が埋められ11点の管玉が出土した。

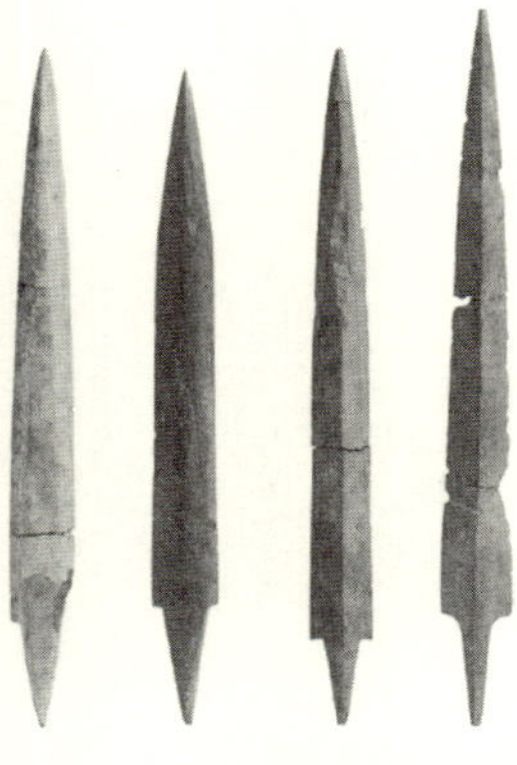

図12　三雲加賀石支石墓出土柳葉形磨製石鏃
（註24、写真提供：伊都国歴史博物館）
全長15〜17cmの大型磨製石鏃が4点とほかに破片が2点、合計6点が儀器として副葬されている。

味ではなく、その地に稲作農耕集落を築いた渡来人たちの中の指導者と考えたい。

支石墓＝渡来人墓の矛盾

支石墓が、稲作文化の一つとして朝鮮半島から持ち込まれた墓制であるとしても、支石墓がすべて渡来人の墓であるかというとそうではない。糸島市（旧志摩町）新町《しんまち》遺跡では、第一次調査で調査区内から五七基の墓が発掘された【図14】。上石の残った支石墓七基、上石がなく支える石だけが残っている支石墓が十数基見つかったが、上面が削られてしまっているので、かつては上石のあった支石墓が半数以上あったと考えられている。（註26）新町遺跡で調査された支石墓出土の人骨鑑定では、埋葬された人々は、その骨格や抜歯の風習を残していることから在地の縄文人系統の人のものとされ、稲作受容では先進的な玄界灘沿岸地域においても支石墓すべてが短絡的に初期渡来人の墓制であるとは考えられない結果となった。（註27）骨の中には殺傷を受けた人骨もあったが、墓それぞれに優劣の差は認められない。注目すべきは、縄文時代晩期から弥生時代前期に継続して支石墓が営まれていることである。縄文人が、新しい墓制に染まっていきつつも、縄文時代以来の氏族社会の秩序を守っていたということになるだろう。

佐賀市久保泉丸山《くぼいずみまるやま》遺跡は、縄文時代晩期夜臼式土器期から弥生時代前期板付Ⅱ式までの期間に、一五〇基以上の支石墓が作られ、この地域では縄文時代にはない新しい墓が突然出現している。副葬品にも丹塗磨研《にぬりまけん》土器を備えるなど、縄文時代には見られない風習も始まっている。しかし、ここでは支石墓に先行して、伝統的な縄文土器を使った甕棺墓が作られているという点は注目される。この久

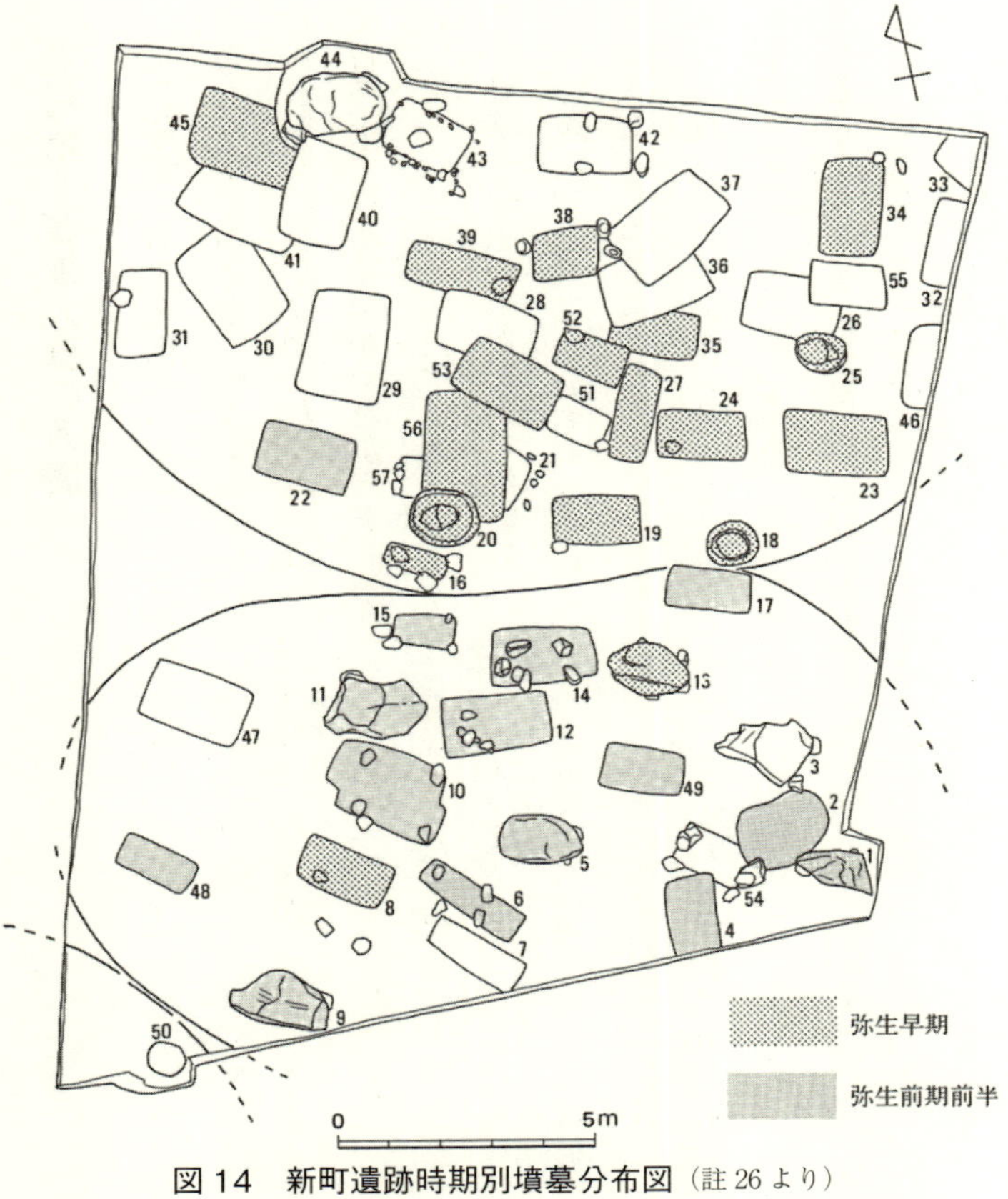

図14　新町遺跡時期別墳墓分布図（註26より）

保泉丸山遺跡は、佐賀県でも有明海に面した佐賀平野にあるが、やはり有明海に面した島原半島の南島原市（旧南高来郡北有馬町）原山遺跡の場合も、供献土器や埋葬施設に使用された土器は、伝統的な縄文土器の甕や鉢などである。いずれの例からもこの地の縄文人が、支石墓という新しい墓を受け入れた可能性を示すものである。先の新町遺跡の例も含めて群集する支石墓群中で相当な差が見出せないのは、縄

図15　復元展示された新町遺跡の支石墓（片岡撮影）

文時代以来の氏族社会の伝統が色濃く残っているためであろう。

このように、墓によっては手厚く葬られるものがあるのは、階層社会を持った渡来人集団がいたということを示し、一方、同じようなレベルの墓が群集するのは、稲作を開始した渡来人たちとは異なる、もともとの縄文人の伝統を受け継ぐ集団がいて、彼らは人類学的な形質では、縄文人的形質を持つ人々であったことが考えられる。

集団墓の中の特定個人墓

稲作農耕文化が入ってきた縄文時代晩期から弥生時代の初期にかけては、最初に挙げた峯遺跡一号墳丘墓のように、集団内の特別な人たちだけを葬る墓があったが、私が考えるように、仮に稲作をもたらした集団がすでに階層というシステムを持っていたならば、特別な人たちの中でも、リーダーとなる人がいたとしても不思議ではない。

高倉洋彰《ひろあき》は、弥生時代の墳墓の構成をもとに、集団墓から特定個人墓に発展する過程を四段階に類型化した。（註28）春日市にある伯玄社《はくげんしゃ》遺跡は、いちばん古いタイプの基準となる遺跡である【図16】。

伯玄社遺跡は、一般的な集団墓のようにも見えるが、前期末から中期初頭で七基の成人墓、続く中

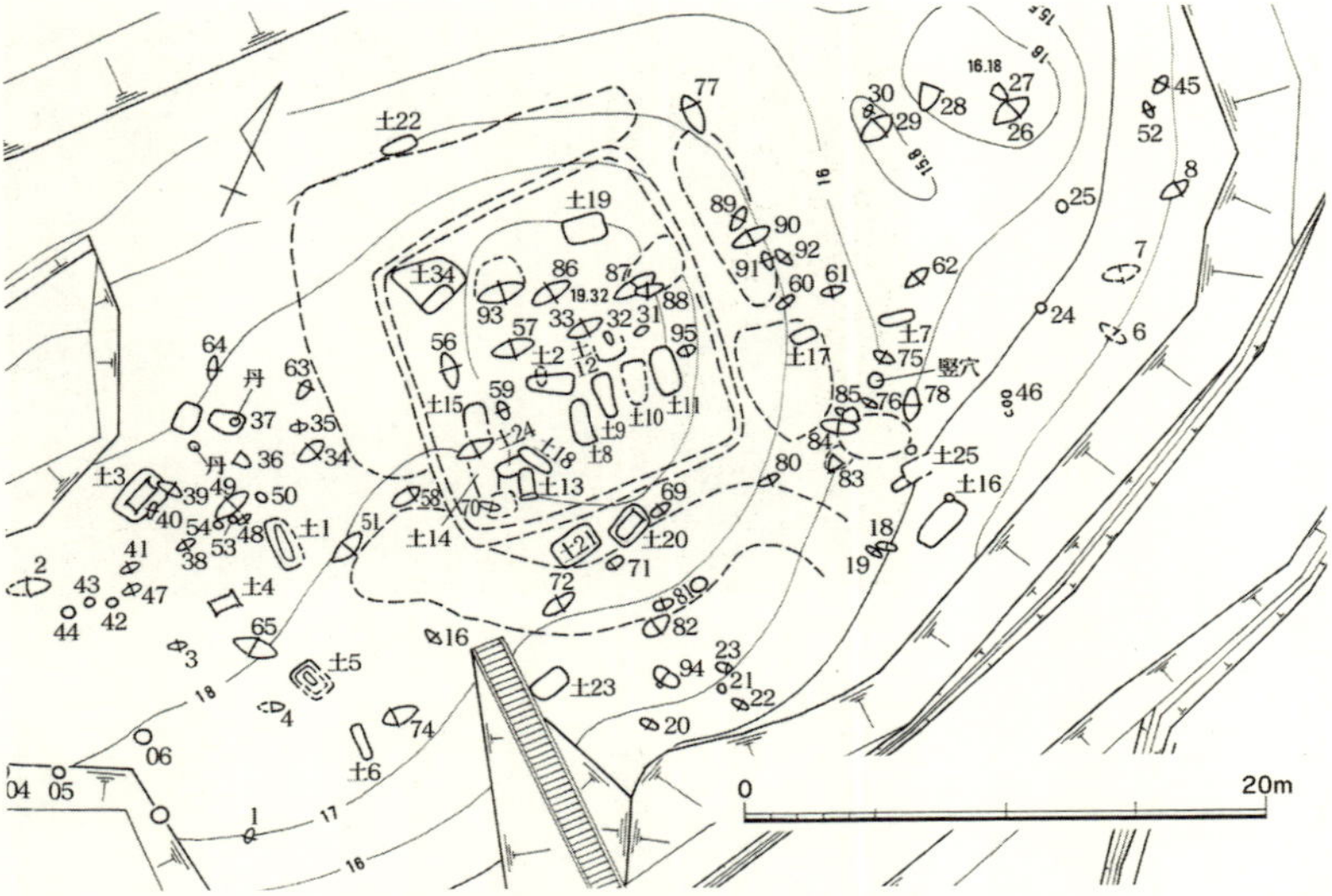

図16　伯玄社遺跡（註29を一部改変）

期前半～後半にも七基の成人墓しかなく、一つの集落の人数をすべて埋葬しているとは考えにくく、一時期に埋葬される数が限られている。そうすると一般の墓としては、理解できない部分もある。伯玄社遺跡の墳墓群は、それ全体が特定有力集団墓の可能性もある。

さらに、この中でも二四号木棺墓からは六点の有茎磨製石鏃が出土していて、その墳墓群の中でも一基のみの特別な埋葬者と思える墓がある。（註29）これは、先に述べた峯遺跡一号墳丘墓と違うところである。この伯玄社遺跡の周辺には、西平塚遺跡墳墓群が調査されていて、それは伯玄社遺跡とほぼ同時期の群集した墳墓群であるが、ここでは、墓間に副葬品や作り方に差が見られない。

宗像市田久松ヶ浦《たくまつがうら》遺跡の墳墓群は、弥生時代前期前半に属し、宗像地域の弥生墳墓の中でももっとも古いものである。この遺跡からは、土壙墓三基、木棺墓一一基、小児用甕棺墓一基が発掘され、このうちの二〇一号土壙墓から有柄式《ゆうへい》磨製石剣・有茎式《ゆうけい》磨製石鏃・副葬小壺、二〇六号石槨墓からは磨製石剣・磨製石鏃・副葬小壺、二一八号石槨墓・副葬小壺からは有茎式磨製石鏃が出土している。これらの墓も、特定集団の中のリーダーと考えられる。この他にも、この墓で注目されるのは、墓壙の中に石槨を組む構造のものがあり、これらの墳墓の系譜は、「朝鮮半島南部から直接海をこえてもたらされたもの」とされている点である。宗像の玄界灘沿岸部では、集落遺跡として、同時期の今川遺跡があるが、それらを経営した主体者たちが渡来人であって、その墳墓と考えるのが妥当と思われる(註30)。

このように弥生時代前期を中心にして、まず集落全体の墓ではなくて、特別な人たちが葬られる墓があって、さらにその中で、特別な人を葬る墓があるという構成は、他の遺跡でもかなり認められる。

氏族全員を葬る墓

峯遺跡一号墳丘墓や伯玄社遺跡は、ムラビト全員ではなく、その中で限られた人たちだけを葬っている墓である。ほかにムラビト全員を葬るが、その中でも一人だけを手厚く葬った墓も見つかっている。

私自身が、実際にそのような弥生時代前期の墓群を発掘したことがあるのでその遺跡について述べてみよう。

私が調査した小郡市北部の三国丘陵にある三国《みくに》の鼻《はな》遺跡は、丘陵斜面に築かれた弥生時代前期（板付Ⅰ・Ⅱ式期）の墳墓群である【図17】。全体では三八～三九基の木棺墓と二六基の甕棺墓と祭祀の溝で構成される。

図のように、墳墓群はそのまとまりから、A〜Dの4グループに分かれる。このうちAグループだけが特別な人を葬った墓であって、残るB〜Dグループは、親族の血縁関係によって分かれる三グループ（家族？）が単位となっていたことを想像させる。各遺構を時期別に見ると、墳墓群は各グループにおいて、それぞれの中で板付Ⅰ式期のものと同Ⅱ式期のものがあり、4グループが同時期に並行して営まれていたことがわかる。Aグループに分類した二基（一九号・二〇号木棺墓）だけが、溝よりも西側の標高が高いところにある。溝からは、祭りに使われたと思われる土器が出土しているので、その祭祀用溝によって他の墳墓とは区分されていることがわかる。墓の中から発掘される供献品には大した差はないが、管玉などが他のものよりも多いということ、木棺構造が他よりしっかりしていることなどから、他の墳墓とは違っていわゆる「立派な墓」に作られている。

こうして見ると三国の鼻遺跡一九号・二〇号木棺墓の主は、家族が集まって構成される世帯共同体の長のような存在であったことが考えられる。

その地域で稲作農耕が開始された時期に作られた墓の中には、すでに最初から階層の萌芽が見えるということを述べてきた。

一方でこうした墳墓を階層の萌芽と見るのではない、別の見方もできる。

例えば、いずれも墳墓ができ始める最初に作られたものであり、集落ごと移住してきた場合のようにその最初の移住者のリーダーに対して特別に崇敬な思いを持って埋葬することもあったはずで、

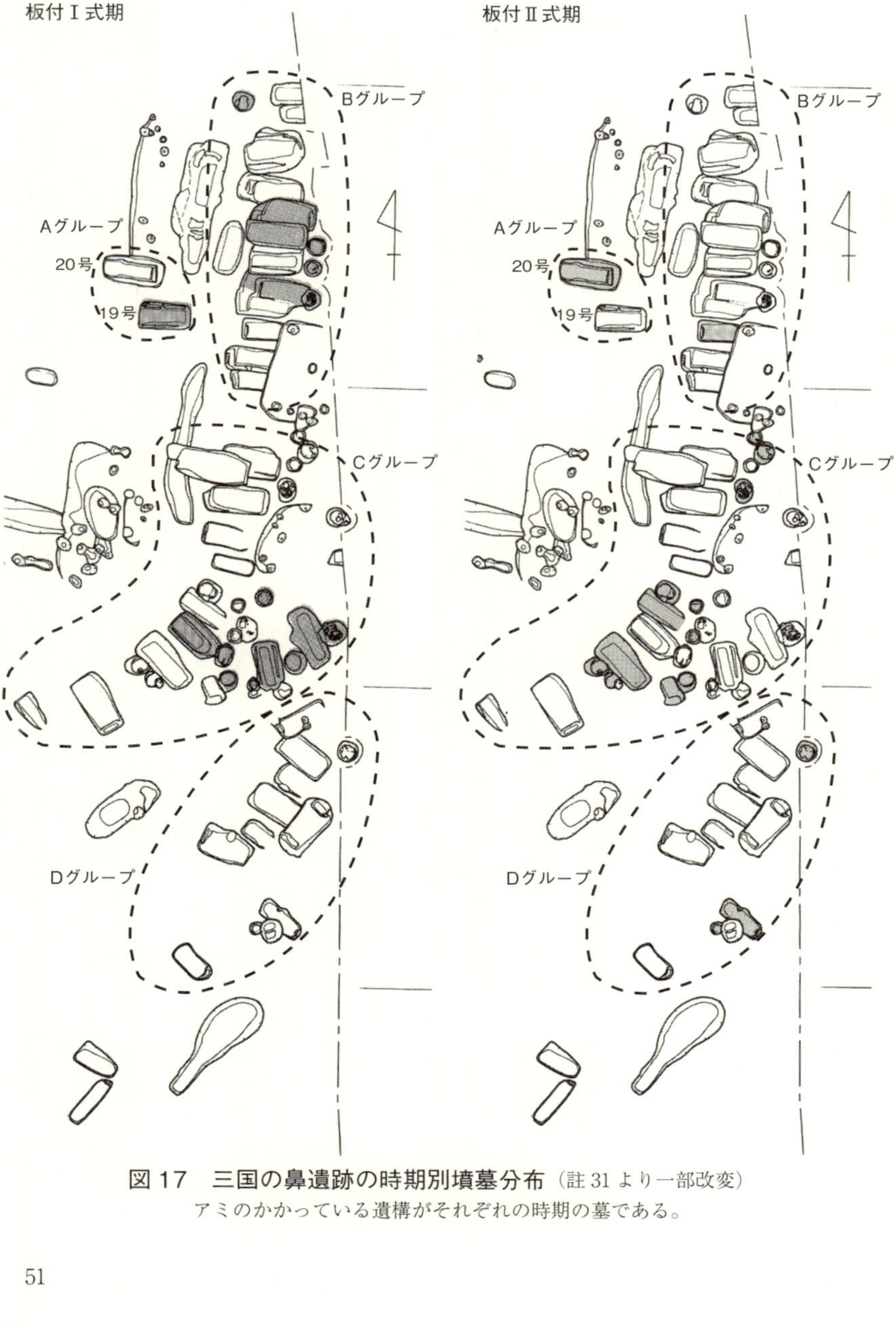

図 17　三国の鼻遺跡の時期別墳墓分布（註 31 より一部改変）
アミのかかっている遺構がそれぞれの時期の墓である。

それを明確に階層とは言えないかもしれない。

そうした集団内での立場の違いにより差が付けられているだけのことであって、それらの区別された墓の主が、その次に発展する農業共同体の首長になるという保証はない。しかし、「この人は違う特別な人だ」という意識で区分するという行為が墓を作る上で見られるからこそ、その弥生時代の墓を分析して、徐々に階層化が強化される現象を理解することができるのである。

西日本の弥生時代初期の墓制

北部九州から目を転じて、西日本を見てみよう。

弥生時代前期の墓は、本州最西端で日本海（響灘）に面する本州最西端のかつての長門国と山陰地方に集中して分布している【図18】。下関市土井ヶ浜《どいがはま》遺跡、中の浜遺跡、梶栗浜《かじくりはま》遺跡など、いずれも海岸の近くに木棺墓、石棺墓等が集団で作られた遺跡である。この中でも特に学史的に、また実際の出土量でも良好な資料を残しているのが、山口県下関市（旧豊北町）土井ヶ浜遺跡である。墓地は、弥生時代前期から作られ始め弥生時代中期まで継続して作られている。

一九五三年以来、五年間の土井ヶ浜遺跡の発掘調査では、二〇七体の弥生人の人骨が発掘され、現在も調査が継続されている。すでに三〇〇基以上の墓が発掘されている。これらの人骨からは、それ以前の縄文人と比較して、身長が高く高顔《こうがん》で眼窩《がんか》が丸みを帯び、のっぺりした顔つきの形質を持った人たちが急に増加することがわかった。土井ヶ浜遺跡の調査にあたった人類学者金関丈夫《かなせきたけお》は、弥生時代に大陸から渡来した男性が、この地で縄文系女性と混血して弥生人を形成したという説（「渡来・混血説」）を提唱した。(註32) この学説は、弥生文化の担い手は誰かという問題を、人骨から探ったことで有名である。北部九州の弥生時代遺跡から相次いで発見される大陸由来の遺物の発見を背景に、その後、人類学だけでなく考古学でも弥生時代に始まる新しい農耕文化の担い手が渡来人であったとする意見に多くの支持を得ることになった。

　さて、この土井ヶ浜遺跡では、一〇〇体近くの「戦士の墓」が発掘されている。至近距離の戦闘によって殺傷された痕跡のある人骨である。この中でとりわけ注目されたのが、調査した金関により「土井ヶ浜の英雄」と名づけられた人骨である。脚を伸ばして仰向けの姿勢で葬られた壮年男性で、右腕には二個の貝輪がはめられている。この人骨には二つの特徴がある。一つは全身に一六個もの矢じり

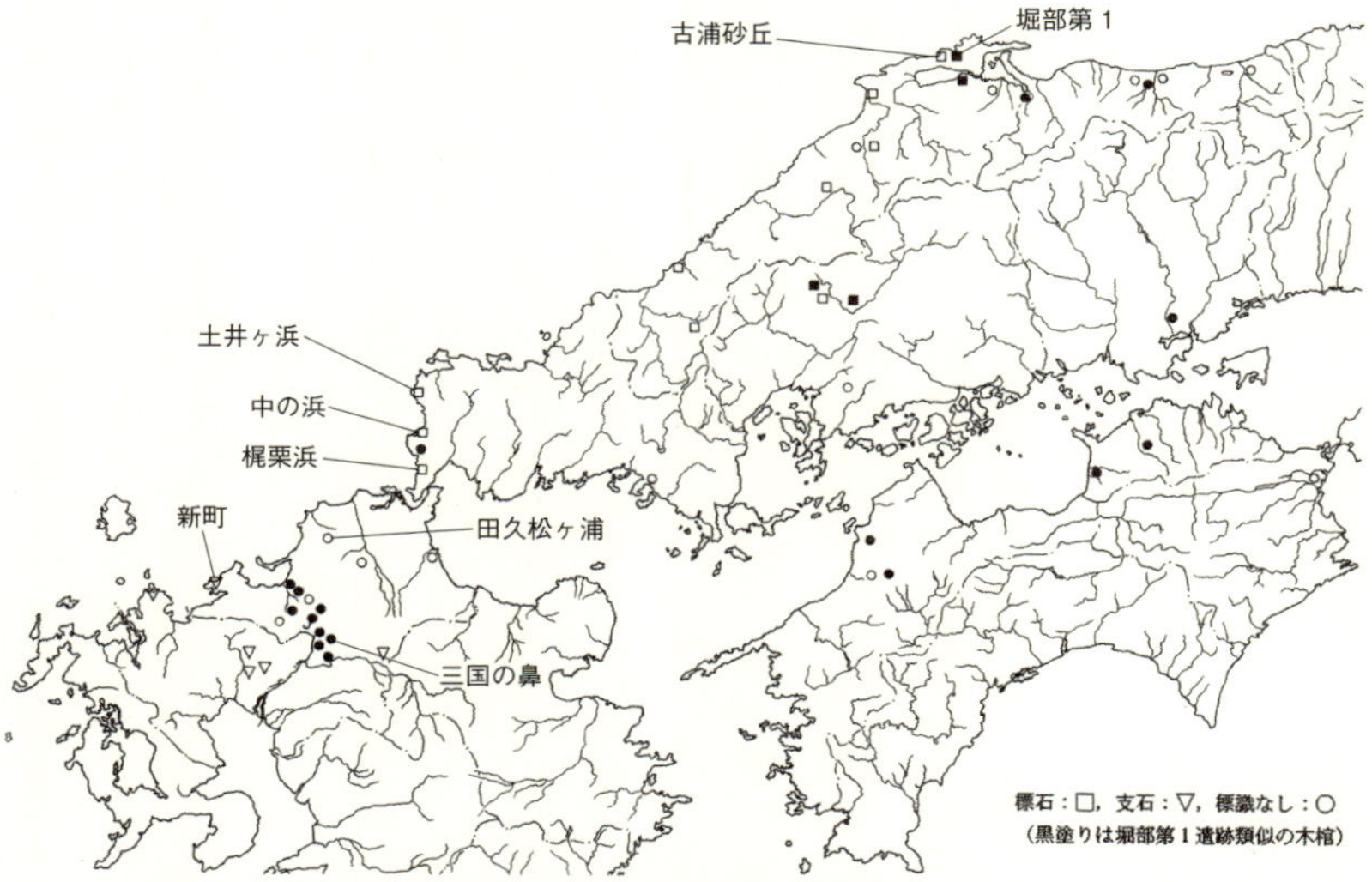

図 18　西日本各地の弥生時代前期の墳墓群（註 33 より一部改変）

が刺さり、このうち七個は体内深くに入り込み、さらにそのうちの二個は背骨の間に突き刺さっていた。金関は、「ハリネズミ（蝟）のようだ、という古人の形容が思い出される。」と書いている。もう一つの特徴は、頭が粉々に砕かれていることである。頭を粉々にして埋葬したのではなく、埋葬してから頭を石か何かで砕いたのである。金関はこのように書いている。「この男が悲壮な戦死をとげた英雄だったとすると、なおさら考えやすいが、そうでなくても、異常な力をもった男、たとえば呪師―特にりっぱな腕輪をはめていることを参照―であり、部民から畏怖されていた男だったと考える。」(註34)

それに加えて、いわゆる『鵜を抱く女』と呼ばれ、霊的な能力を持つ鳥とされる鵜と一緒に埋葬された墓や、一つの大きな石棺墓に五人が次々に埋葬されたり、頭蓋骨がまとめて葬られた墓等さまざまな墓が発掘されている。このような特殊な墓は、普通の人ではなく呪術的な能力を持った人の墓ではないかと言われている。

多数の渡来人が眠る土井ヶ浜遺跡においても、すでに埋葬が始まった最初の時点から完全に等質の墳墓ではないことが認められる。

山陰地方の島根県松江市（旧八束郡鹿島町）堀部《ほりべ》第一遺跡は、弥生時代前期の墳墓群である【図19・20】。島根半島のほぼ中央部に位置し、海岸線から二キロほど内陸に入って、周囲が低い山に囲まれ、水田も広がる豊かな講武盆地にある。通称「長者の墓」と呼ばれる円形の高まりの裾を取り巻くように、約六〇基の木棺墓が発掘された。ほぼこの長者の墓を同心円状に半周取り巻くようにして、埋葬された死者の頭位は、時計の針の進行とは反対方向にあたる東側に統一されている。

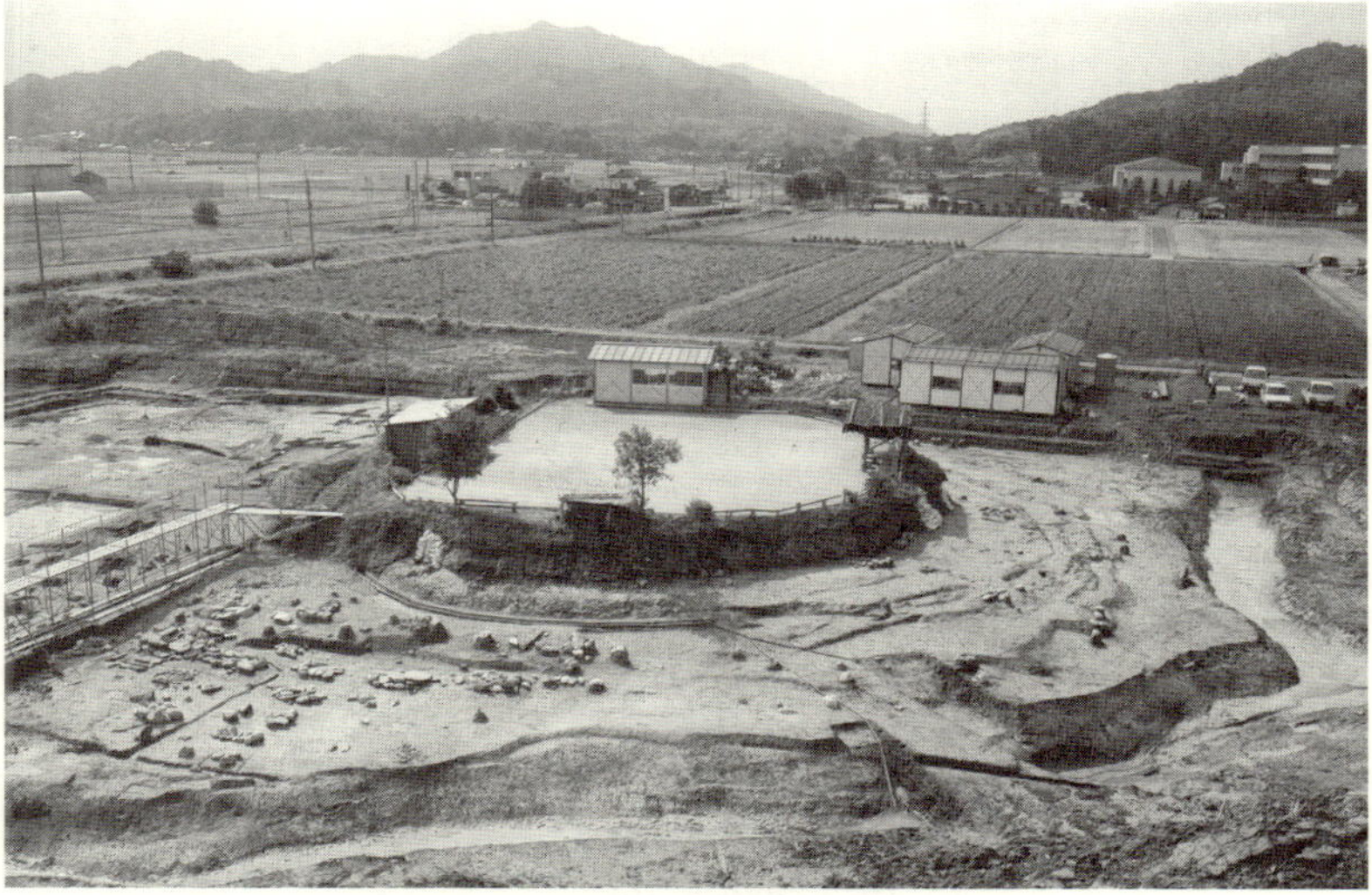

図19　堀部第1遺跡（註33より）
正面中央の高まりが、通称「長者の墓」と呼ばれる部分である。

木棺には壺が供献されていて、その時期は弥生時代前期の中頃である。山陰の編年では第Ⅰ様式の2～3段階に相当する。

堀部第一遺跡の木棺墓群は、土井ヶ浜遺跡と並んで山陰地方の代表的な前期の墳墓群であるが、それに先行する縄文時代の墓制との繋がりは認められない。むしろ、墳墓の形状や供献土器などを見ると、北部九州、山口県響灘沿岸部、朝鮮半島との関係が強く、上部に標石があるという形だけを見ても支石墓の影響を受けていることが指摘されている。供献土器は、遠賀川《おんががわ》式土器そのものといっても良いもので、ここでも北部九州の強い影響を見てとれる。

このようにこの墳墓群を営んだ集団は、朝鮮半島から渡来した集団の血を濃く引く集団だったことが想像される。

近隣の遺跡の中には古浦砂丘《こうらさきゅう》遺跡で朝鮮半島

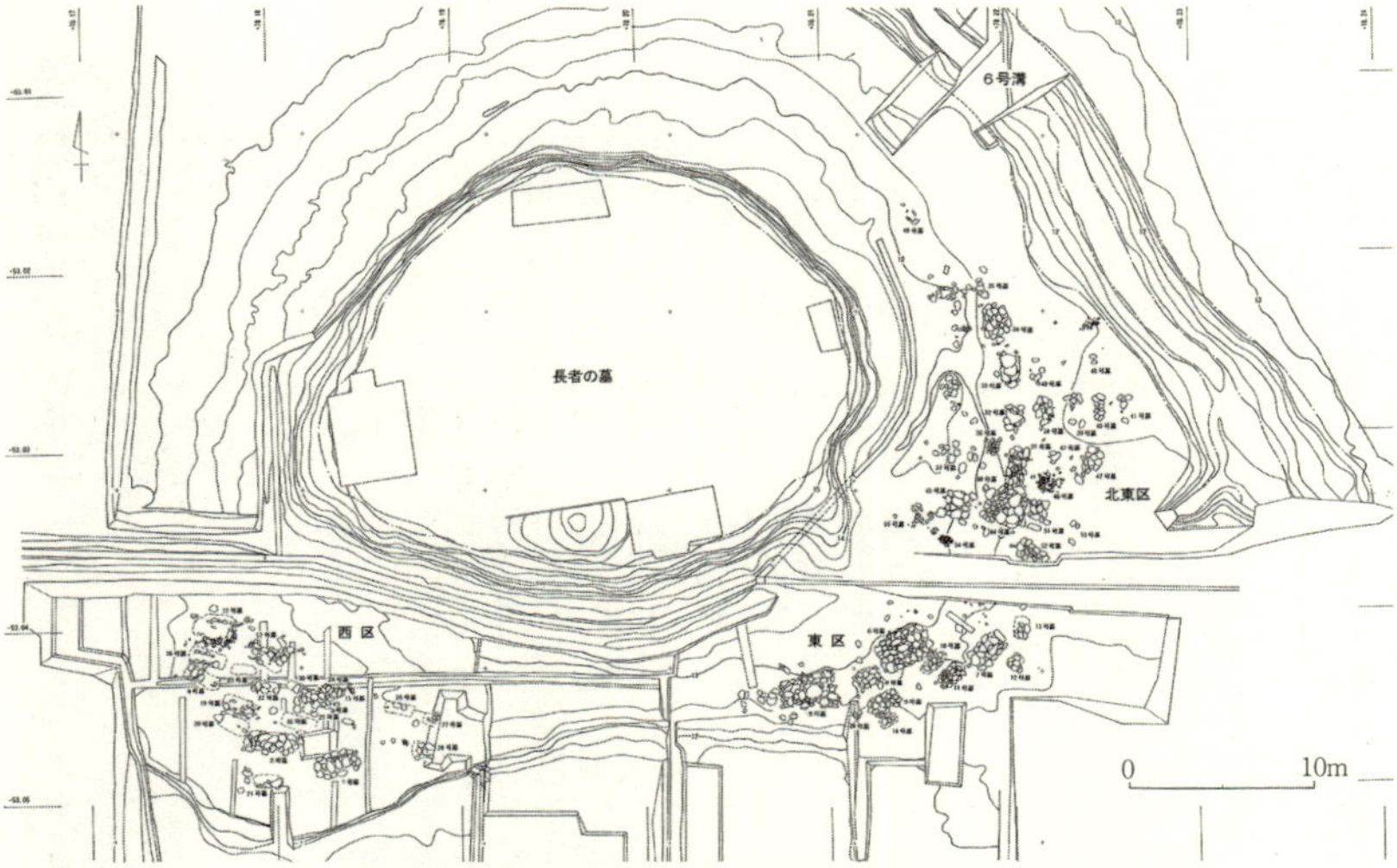

図20　堀部第1遺跡全体図（註33より一部改変）

の松菊里《しょうきくり》式土器が出土していることからも、山陰地方の海岸沿いに稲作文化を携えた集団が転々と移動してきたことが想像される。

この堀部第一遺跡の各墳墓は、その構造と副葬品によって、最初から階層による差が見られる。具体的には、その報告書で標石の数や積み上げ方などにおいて八類型に分類され、集団内部で大切に扱われた墓がどれかを示している。

その中で特異な墓が一基ある。二号墓と命名されたもので、この墓は墓壙の長さが二・七メートル、おそらく木棺内部の長さは二・三メートルになる大型の墓である【図21】。頭位にあたる東端で四点の碧玉製管玉が出土し、その他バラバラに一四点もの石鏃が出土している。報告書では、副葬品か殺傷の際に残されたものかその判断は保留されているが、特別な意識をもって埋葬されたものであることに違いなさそうである。（註33）

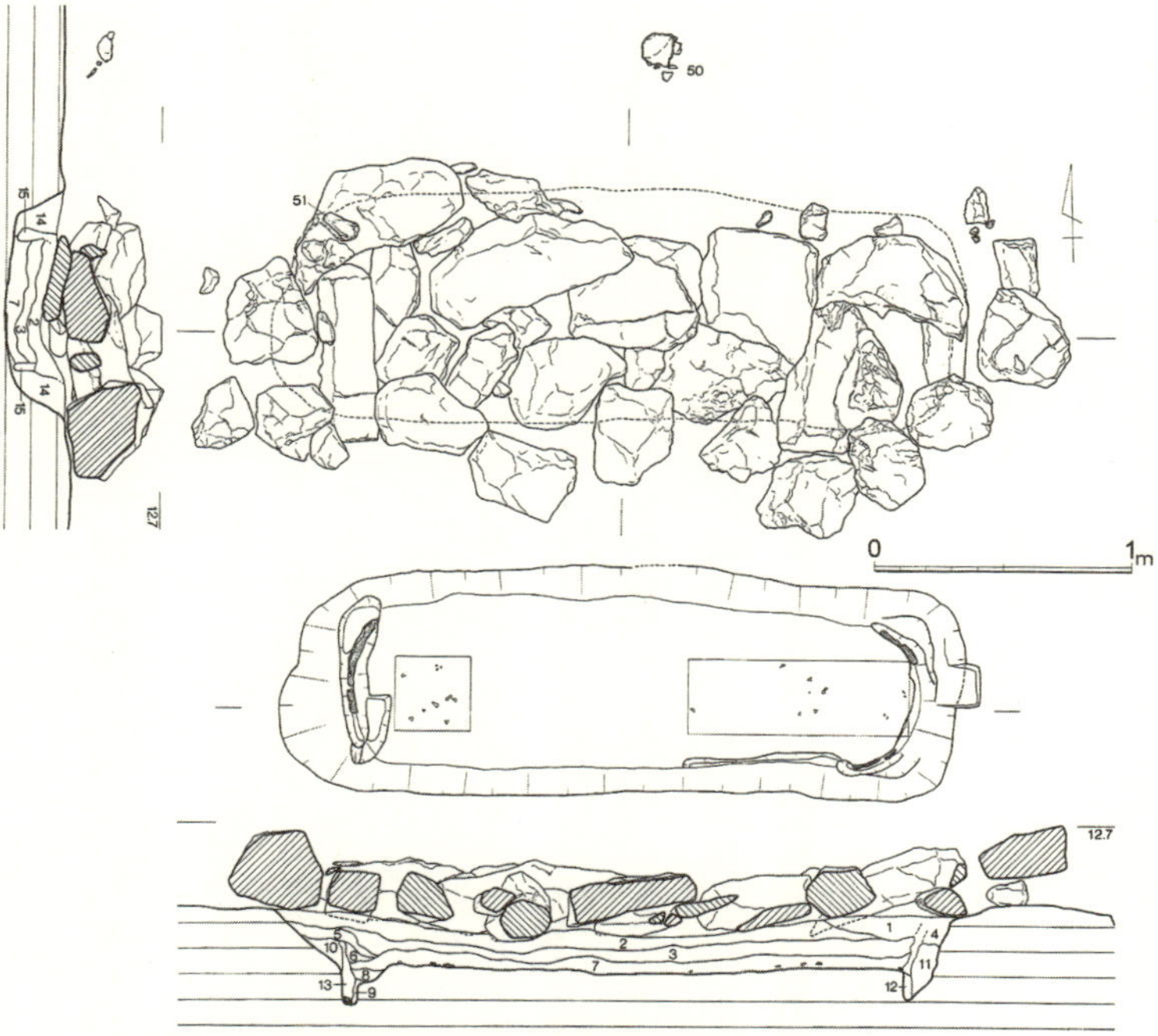

図 21　堀部第 2 号木棺墓実測図（註 33 より一部改変）

これらの遺跡は、北部九州の遺跡同様、その地において稲作農耕文化が開始されたときの墳墓であるが、ここでも最初から、墓の中に差が認められる。前述の通り、先進的な移住者であり、弥生文化＝稲作農耕の主体者・運搬者・伝達者が、すでに階層社会に入っていた渡来人を祖とする集団であったことに繋がるものと思われる。

このように、西日本各地において発見される、いわゆる遠賀川式土器という弥生時代前期土器を伴う集団墓では、完全に等質ではなく、その中にすでに階層の分化が現れていて、このことはその地における稲作農耕集団が、すでに階層社会に入っていたことを示している。

第四節　集落から見た階層

集落遺跡調査の歴史

一気に邪馬台国時代へと進む前に、これまで墳墓で見てきたのと同じように、集落の変化からみて階層がどのように始まったのかを考えていくことにしよう。

前述したような弥生時代前期の墓に見られる階層は、集落の中でも認められるのだろうか。実際の生活の舞台となる集落から、弥生集落の拡大・分村化を通して起こる弥生社会の階層化を考えてみたい。

戦後間もなく静岡県登呂《とろ》遺跡の発掘調査によって、農耕集落の全容が初めて明らかにされた。当時、科学的・実証主義がもてはやされて、考古学的な集落の発掘調査は全国規模に及び、その研究は飛躍的に進んだ。近藤義郎は、主に吉備地方でその地方の集落遺跡の分析を行い農耕の協同作業による生産最小単位を「単位集落」という概念でとらえ、それが集合した世帯共同体が水系・平野を単位として農業共同体へ発展する過程を論じた。(註35) いくつかの単位集落のモデルがあるが、岡山市貝殻山《かいがらやま》遺跡は、農耕集落の最小単位である単位集落のひとつの例として示されたものである【図22】。

北部九州は、稲作農耕文化がいち早く受容され、それに伴い弥生社会の構造に関する研究においても、多くの研究の対象になった地域であった。

昭和三〇年代に比恵《ひえ》遺跡の分析を行った鏡山猛《かがみやまたけし》の研究は、環濠（鏡山は環溝と呼ぶ）に囲まれた内部の竪穴住居跡と井戸などの生活遺構が、一つの共同作業を行う基本単位となることを明らかにし【図23】、「これらの遺構についてみると、環溝内に五―六棟或はそれ以下の住居が、井戸・倉庫・炊事

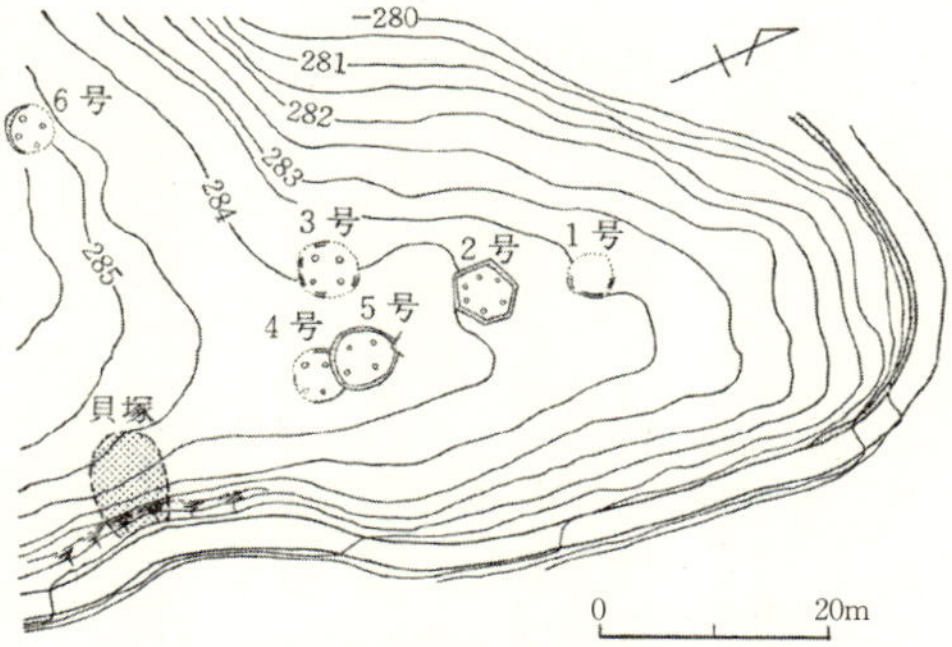

図22　岡山市貝殻山遺跡（註36より）

6軒の住居跡があり、それぞれの住居から石器や剝片、甕・壺が出土し、カマドはなく、共同使用した貝塚があることから、住居を1労働人口として、それが集合したこの遺跡は「一定の居住域を占有する単位集団」とされた。

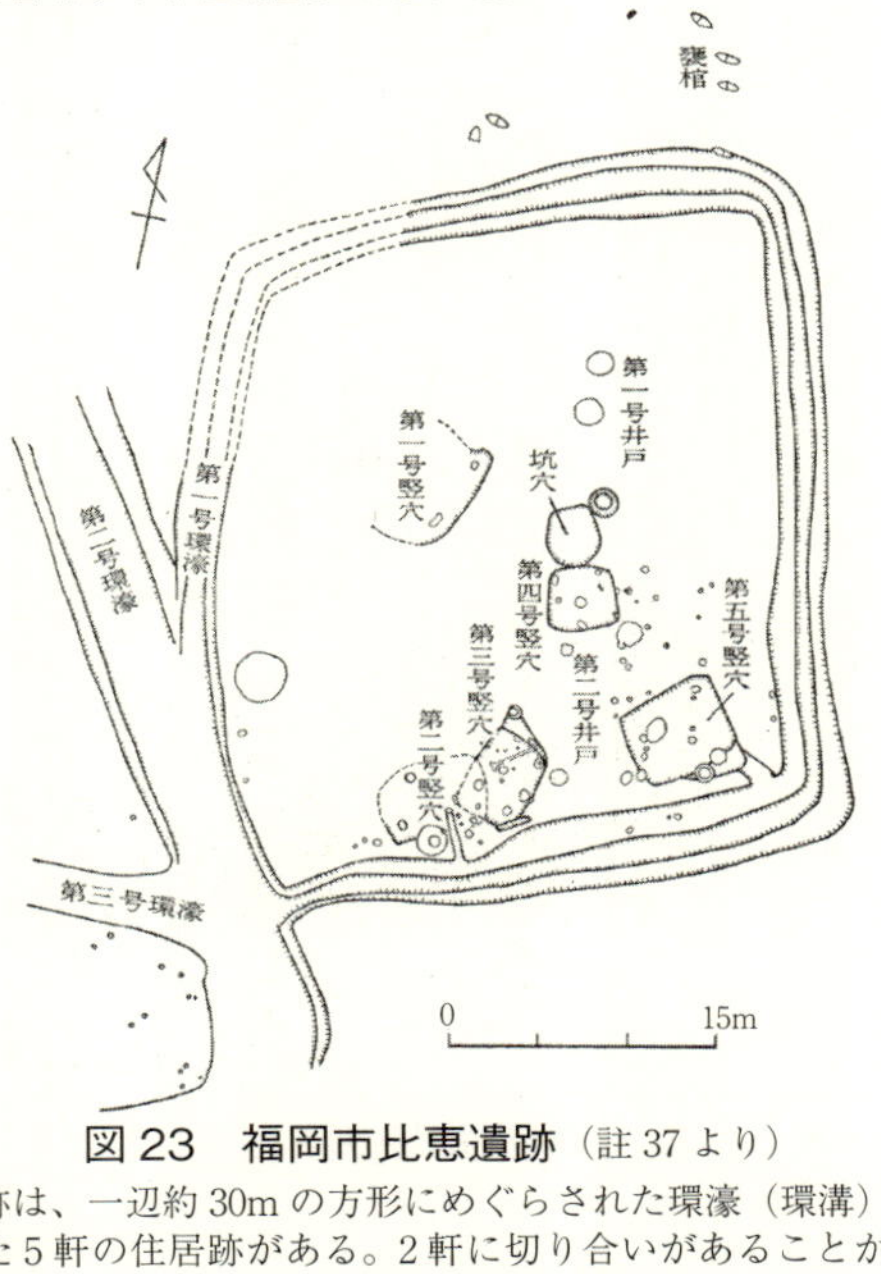

図23　福岡市比恵遺跡（註37より）

比恵遺跡は、一辺約30mの方形にめぐらされた環濠（環溝）内に発見された5軒の住居跡がある。2軒に切り合いがあることから同時存在は4軒、さらにすでに削られた環濠内にもう1・2軒の住居を想定して、環濠内の5・6軒を環濠内の収容家屋とし、これらの竪穴住居を家族の住居と推定した。さらに2カ所の井戸も発見された。

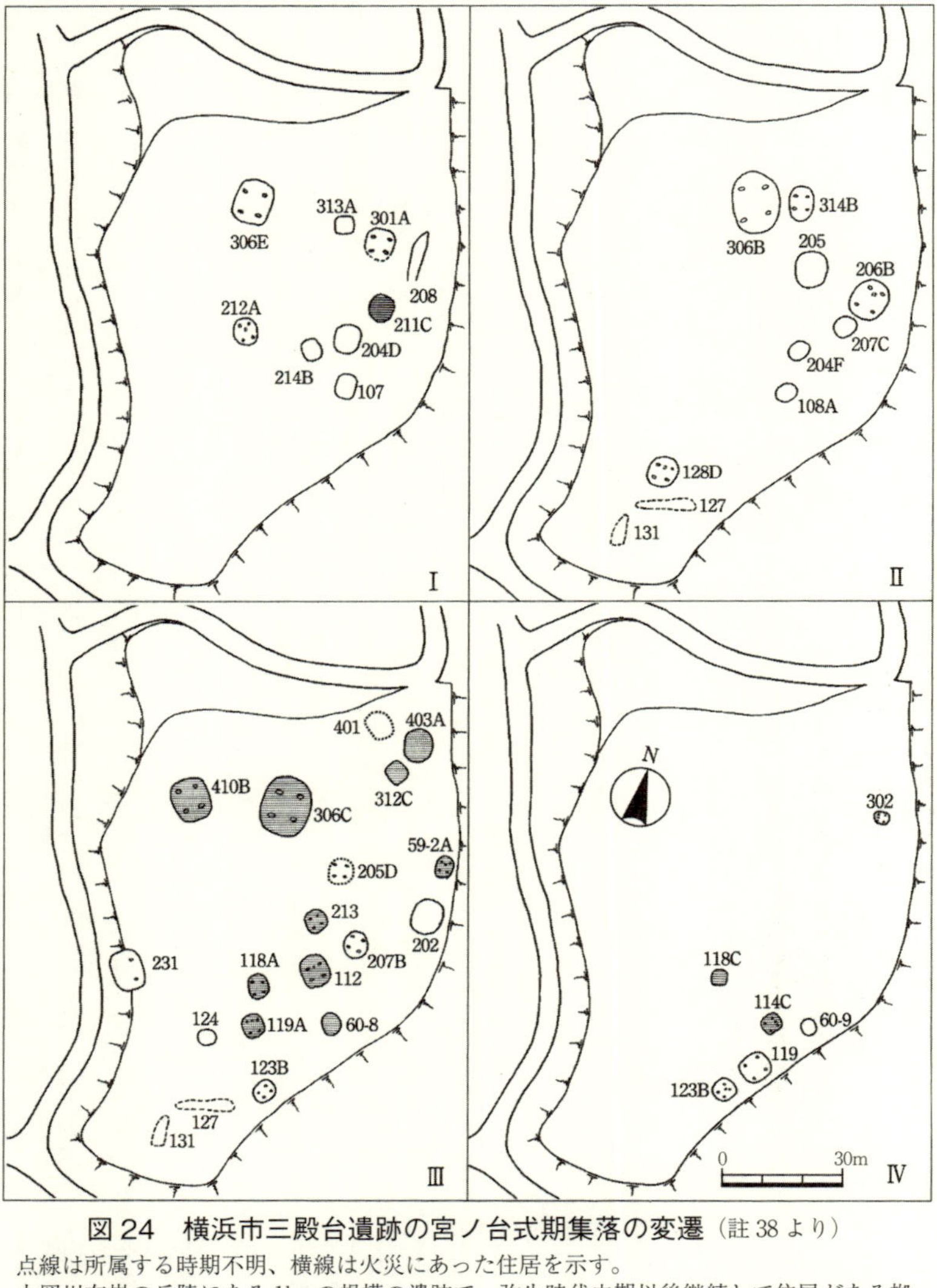

図 24　横浜市三殿台遺跡の宮ノ台式期集落の変遷（註 38 より）

点線は所属する時期不明、横線は火災にあった住居を示す。
大岡川右岸の丘陵にある 1ha の規模の遺跡で、弥生時代中期以後継続して住居がある拠点集落である。農耕開始期の宮ノ台式期は約 40 軒の住居があり、土器型式や住居の方向によって 4 小期に分けられ、各時期に 1 軒の大型住居と複数の住居跡が伴い変化していくことがわかった。

場其他の構築物を持って、共同生活をしていたことがうかゞわれる。」と集団の単位を明らかにした。

またそうした環溝が周囲に他に四カ所あり、付随すると考えられる弥生時代中期の甕棺墓も一号環溝北側ほかのいくつかの箇所で発見されていることから、その環溝の一つ一つが墓地を持つのではなく、いくつかの環溝住居跡群が、共同墓地を経営しているとした。(註37)

急激な開発が進んだ南関東では、和島誠一・田中義昭による弥生時代中期から後期にかけての遺跡の分析が精力的に行われた。三殿台《さんとのだい》遺跡など各遺跡のち密な住居跡の時期別分類を通して、そこに一単位集団の集落を見出し、それらの集落を氏族共同体内の世帯共同体と認定して、それが農業経営の発展の中で自立していくとした【図24】。そして、その自立は氏族共同体の解体に繋がり、複数の世帯共同体によって農業共同体に発展する過程を示した。その「族長」のもとに行われる公権力の拡大強化が、階級的社会構成への引き金となったとして、弥生社会の階層を論じた。(註39)

大規模開発に伴う集落遺跡の調査により、各地域で個別具体的な集落遺跡の分析が進んで、弥生社会の階層化を説いた研究がよりいっそう進んでいった。

弥生時代初期の集落

前節の墓のところで述べたように、私は、階層という仕組みが、すでに階層社会段階に入っていた渡来人によって持ち込まれ、定着したと考えている。実はそうした考え方は、一般的ではない。中学校歴史の教科書では次のように書かれている。

「人々が稲作によって蓄え（富）をもつようになると、むらのなかに、貧富の差とともに身分の区別が生まれてきました。さらに、土地や水の利用をめぐる争いから、むらどうしの戦いも起こり始めました。むらの指導者は、人々を指揮して水を引き、田をつくり、むらの祭りを行ううちに、人々を支配するようになりました。やがて、そのなかには、むらの財産を自分のものにし、戦いで周りのむらを従えて、各地に小さなくに（国）をつくる者も現れました。中国の古い歴史書には、紀元前後のころ、倭には一〇〇余りの国々があったと記されています。(註40)」

図 25　唐津市菜畑遺跡の復元された水路と堰（片岡撮影）

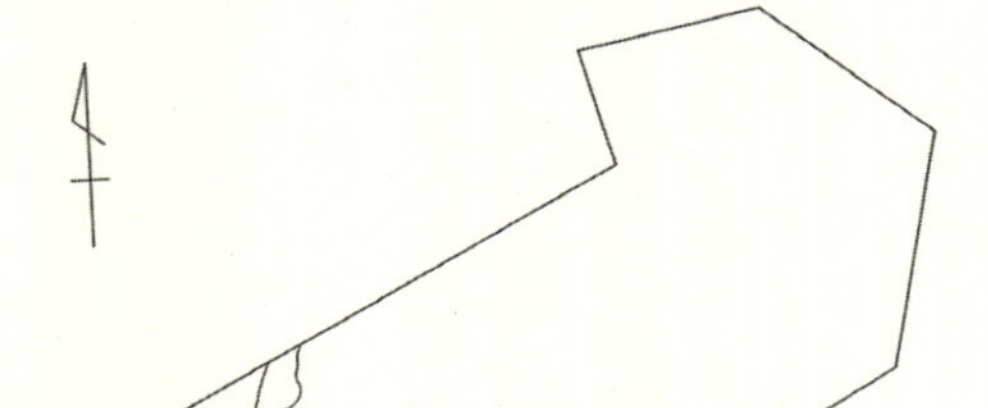

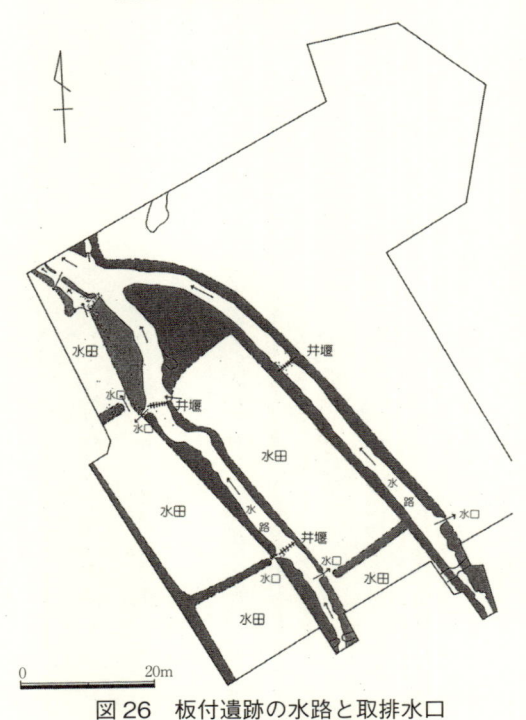

図 26　板付遺跡の水路と取排水口
（註 41 より一部改変）

つまり、ここではじめに人々に貧富の差が現れ、それが身分の違いに繋がるとしているのである。こうした考えに対して、私には少し異論がある。

稲作農耕の初期の遺跡である唐津市菜畑《なばたけ》遺跡や福岡市板付遺跡、同十郎川《じゅうろうがわ》遺跡、同雀居《ささい》遺跡、小郡市力武内畑《りきたけうちはた》遺跡などでは、水田そのものの遺構や水源から流れて来た水を管理する遺構が発見されている【図25～27】。溝には途中に田に水を引き入れる堰《せき》等の装置があって、最初から完成された水田経営の姿を見ることができる。また、糸島市曲《まが》り田《た》遺跡や福岡市比恵遺跡、糟屋郡粕屋町江辻《えつじ》遺跡などでは、水田そのものの遺構は発見されていないが、鍬・鋤など田で使用する農具や収穫後に脱穀する杵《きね》等の木製品や石包丁、石鎌などの石器が発掘されている【図28】。またその竪穴住居跡も規則的な形をしている。ほぼ正円に掘られた竪穴の中の中央に穴があり、穴の両脇に柱穴があるものがある。これは、稲作とともに朝鮮半島から入ってきた新しい住居形態で、その住居が発見されている朝鮮半島の松菊里遺跡に因んで「松菊里型住居」と言われている[註42]【図29】。

図27　力武内畑遺跡井堰（小郡市教育委員会提供）

このように、その地域で最初に稲作農耕が始まった地域では、最初からその稲作農耕に伴う技術・道具・生活様式が確立されていることがわかる。朝鮮半島の青銅器時代の木製農具、

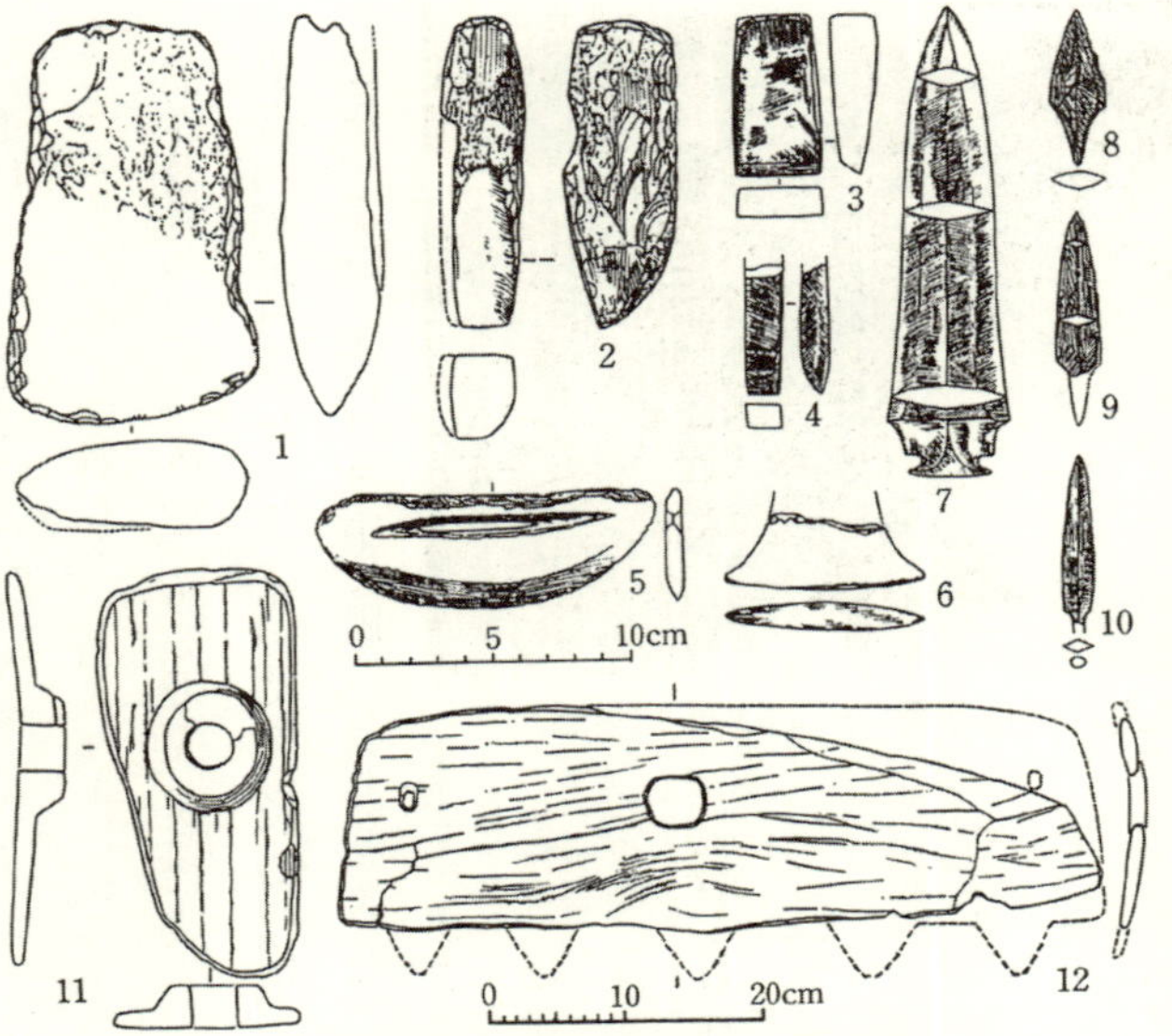

1　蛤刃石斧
2　抉入片刃石斧
3　扁平片刃石斧
4　ノミ形石斧
5　穂摘具
6・7　磨製石剣
8〜10　磨製石鏃
11　諸手鍬
12　えぶり

図28　菜畑遺跡発見の石器と木器（註43より）

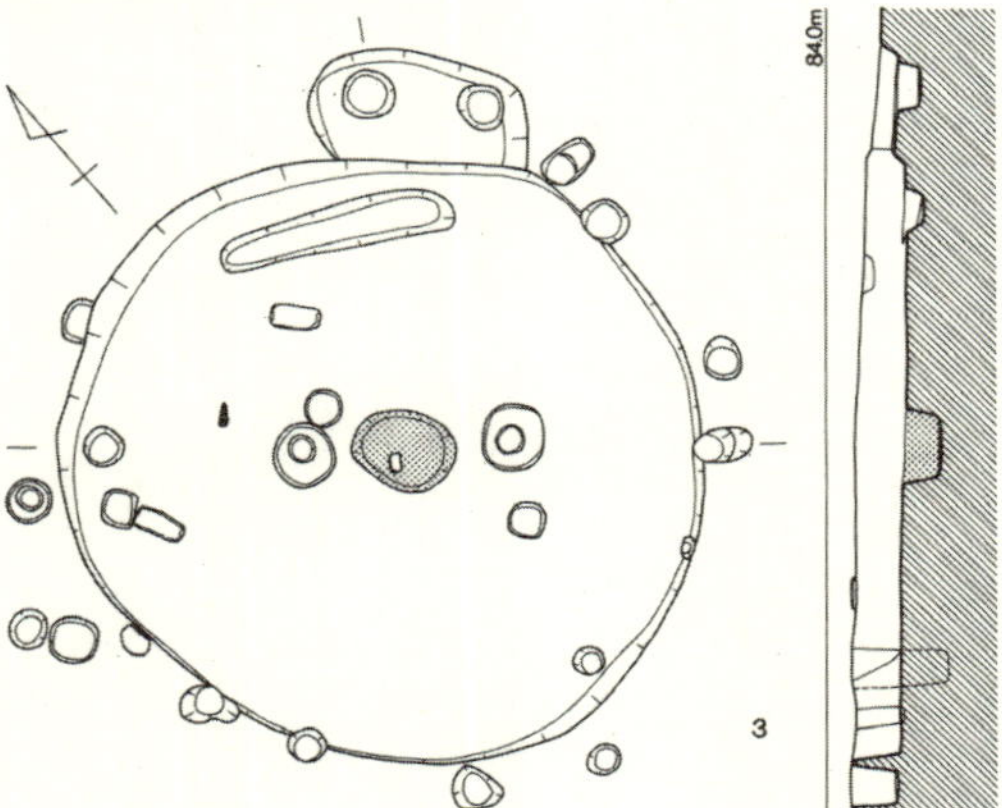

図29　赤村合田遺跡の松菊里型住居（註44より）

弥生時代前期の住居跡で、直径4.5mの円形竪穴の中に中央土壙とその両脇の主柱穴と竪穴周縁の小穴がある、もっとも古いタイプの松菊里型住居跡の例である。

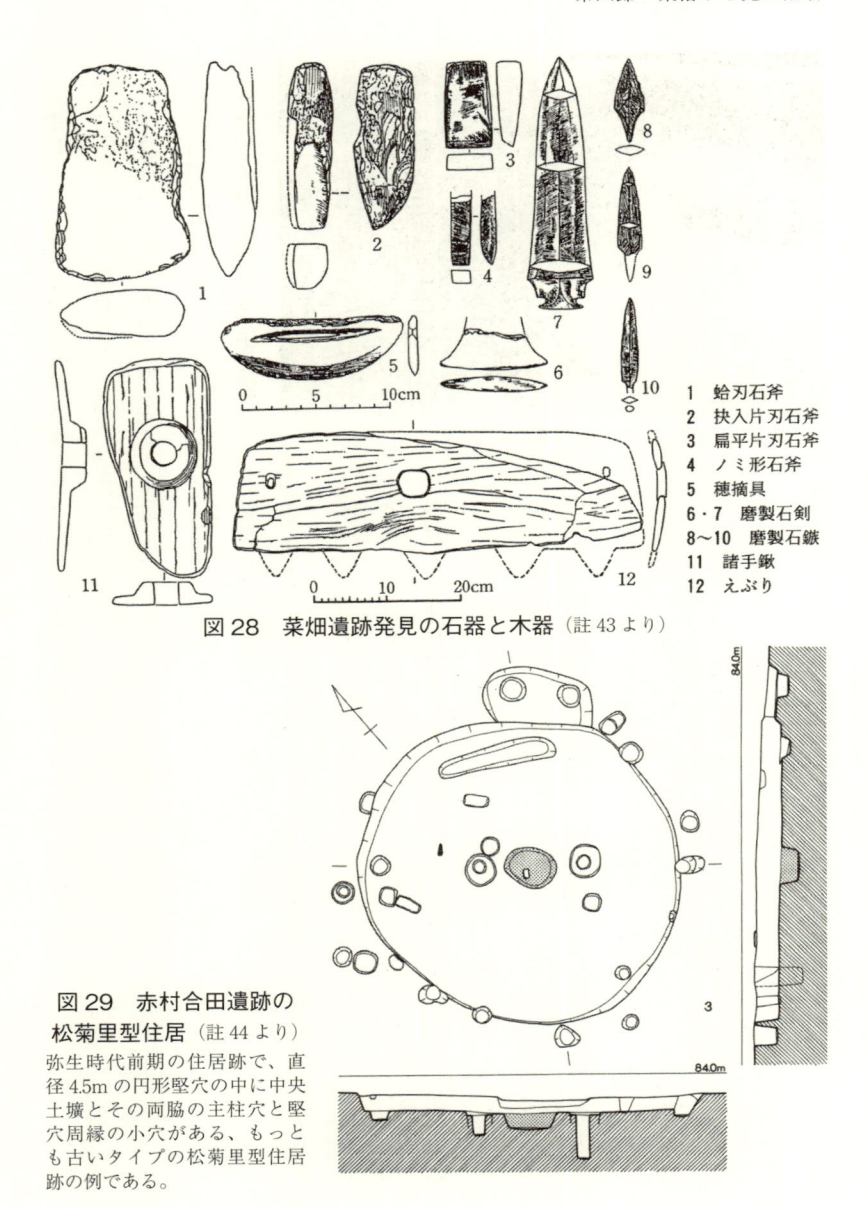

石包丁など農耕用石器等と同じ形の遺物、あるいは完成された水田を営む施設の遺構などが北部九州の遺跡から次々に発見される状況を目の当たりにするとき、それらは決して縄文人が稲作農耕を目にして試行錯誤して稲作農耕を始めた遺跡ではなく、渡来人がすでに持っている稲作農耕技術を、朝鮮半島から日本列島に持ち込み継続しただけの遺跡であったことがわかる。

そういうことから、私は、中学の歴史教科書に書かれているように、農耕技術の発達が人々に貧富の差を生み出したのではなく、貧富の差そのものも、最初から渡来人が持ち込んできたものだと考えている。そして渡来人たちは飛躍的な人口増加を遂げて、弥生社会の中枢を築いていったという考え方をしている。

したがって、階層の問題に戻るが、弥生時代のいちばん最初の段階の農耕文化開始期に渡来人が朝鮮半島で培ってきた文化要素の一つである階層というシステムも、そのとき一体的に日本に伝えられた。

縄文と弥生の連続・不連続

弥生文化研究の第一人者である佐原真は、かなり早い段階で、弥生文化を構成するさまざまな要素について、稲作文化が伝わるもとになった大陸の文化と日本の弥生文化を比較して、「A大陸から伝来した要素」「B縄文文化からの伝統として引きついだ要素」「C弥生文化で固有の発達をとげたもの」に分けて、弥生文化が一気に変革したのではなく縄文文化の要素を多く残したとを述べている。(註45)

これは、石川日出志《ひでし》によりうまく整理されているので、それを引用しよう。(註46)

（A）大陸から伝来した要素　〔舶来品（中国系）〕金印、貨泉、銅鏡（前漢・新・後漢）、素環頭刀など。〔舶来品（朝鮮系）〕多紐鏡、細形銅剣・銅矛・銅戈、有柄磨製石剣、磨製石鏃の一部など。〔技術・知識〕稲作、青銅器鋳造技術、鉄器鍛造技術、大陸系磨製石器三種セット、石庖丁などの収穫具、紡織技術、高床倉庫など。〔思想習俗〕各種農耕儀礼、卜骨（占い用）、鳥形木製品、支石墓、厚葬（副葬品を添えて手厚く葬る）など。

（B）縄文文化からの伝統として引き継いだ要素　〔品物・技術・知識〕打製石器の技術、打製石鏃・石錐・土掘り具（いわゆる打製石斧）、勾玉、土器の製作技術・形態・文様、木器や骨角器とその製作技術、漆器とその技術など。

（C）弥生文化で固有の発達を遂げたもの　大型化・装飾化した銅鐸・銅剣・銅矛・銅戈、巴形銅器や有鈎銅釧、打製石槍、石戈と鉄戈、甕棺墓、方形周溝墓など。

（C）は、稲作文化受け入れ後の要素で、考古学的調査が進んだ今日でも、佐原が書いた一九七五年時点から大きな変化はない。しかし（B）の縄文時代からの伝統を引き継いだ要素と見るとそれぞれにおいて、単純に縄文時代から弥生時代へ連続するとは言えず、その間にも変化があったことが認められるようになってきた。例えば佐原が「基本的な技術の点では縄文土器と直結する」と言った土器の製作技術は、縄文土器と弥生土器の接合方法の変化が明らかにされた。(註47) 他にも、縄文時代と弥生時代が連続するようでしていない例はある。

佐原は、この諸要素の連続・不連続について次のように述べている。

弥生文化は、A大陸的要素と、B縄文的要素が合体することによって新しく形成された文化であった。そして大陸的要素が北九州に最も目立ち、東北日本にいくほどそれがうすれ、逆に、縄文的要素が表面に出てくることは当然であろう。

この意見に対して、私は、北部九州では、弥生社会の文化が、A大陸的要素と、B縄文的要素が合体するような生易しい状況で生まれたのではなく、農耕文化の伝来の最初からすでに完成されていたものが持ち込まれたと考えている。その視点で集落をこれから見ていきたいと思う。

縄文系集落と弥生系集落

人間の形質や使用する道具に、縄文系のものと弥生系のものがあるように、集落においても縄文系と弥生系のものがある。

集落は縄文時代と弥生時代でその様相が異なる。農耕に生産を依存する弥生時代の集落は、農業生産地に近い場所に定住し、収穫物の備蓄・管理施設をひとところに集約化し、他集団・害獣からの収奪・被害に備えて施設を整備するなどしている。そうした集落を「弥生系集落」と呼ぼう。北部九州では、農耕の普及とともに各地域において、そうした弥生系集落が突然出現する。それは、縄文時代以来の集落が徐々に発達するものではない。その代表的なものが粕屋町江辻遺跡である。

江辻遺跡は、ほとんど起伏のない低い舌状台地上に朝鮮半島に起源を持つ松菊里型住居や掘立柱建物の倉庫などが、中央の広場らしき空間を囲んで配置され、住居の広がりを規制するように集落の北側を東西方向の細い溝が走り、さらに住居群の南側には墓地が二群に分かれて作られている【図30・31】。まだ確認されていないが、台地周囲には水田があったことはほぼ確実である。

このような農耕集落に対し、大規模な丘陵を新たな団地にするために、丘陵部の調査を行っていると、それまでは遺跡として知られていない山間の狭い場所から、小型で柱穴位置も明瞭でない住居が、多くても三軒程度がかたまって発見されることがある。それらは、丘陵のやせ尾根や斜面に立地し、周辺に広い耕作地が望めない場

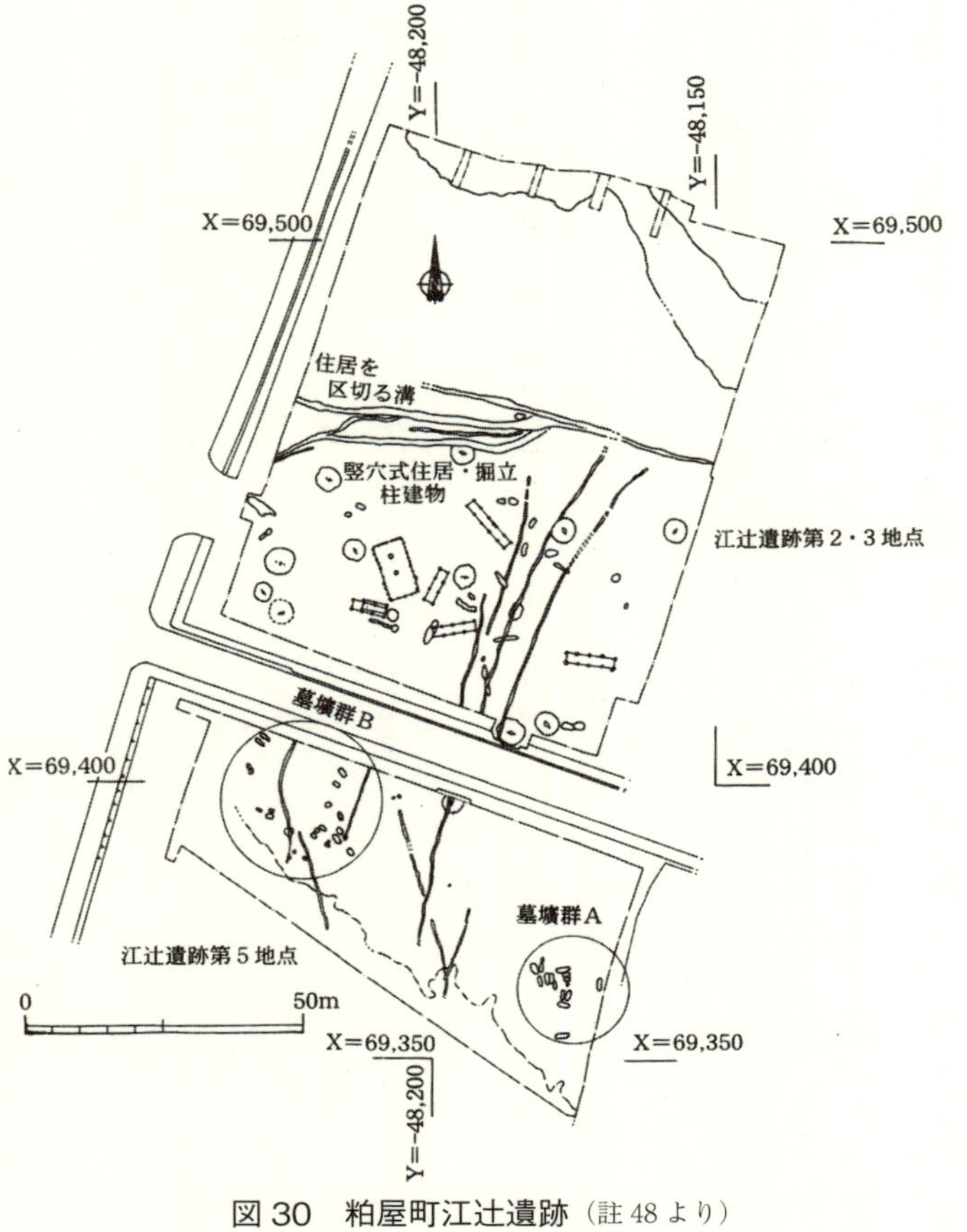

図30　粕屋町江辻遺跡（註48より）

図31　粕屋町江辻遺跡復元予想（片岡画）

ある一時点の住居や倉庫はもっと数が少なかったと考えられる。東（左）から西（右）に向かって延びる台地の周囲には水田があり、東から西に細い溝が走る。溝の南側に集落が広がり、集落には竪穴住居・倉庫などがある。中央のひときわ大きな建物は家畜小屋であろうか。台地の南縁には墓地を２群に分けて作っている。

所にある。弥生時代の前期には、縄文時代以来の狩猟・採集生産の形態を継続し、その生活様式を続けた集団もいたであろう。こうした遺跡を「縄文系集落」と呼ぼう。

かつて縄文社会の舞台であった丘陵地は、弥生時代に入ってからも農耕民には必要でない土地であったために、縄文時代以来そこに住んでいた人々の中には、その場所で山の民となって残っていく者もあった。

民俗学者柳田國男が大正六年（一九一七）に行った講演に『山人考』がある。[註49] 農耕が始まり、日本国土全体が農耕を基盤とする社会構造や考え方に定着していく中で、非農耕民の「山人」と呼ばれる人々の存在を書いたものであるが、「山人」の原点は農耕が入って来ても、農耕を受け入れずに縄文的な生活を続けていた人々だった。

母村と分村

私は、このことを具体的に検証するため、福岡県筑紫野市南部から小郡市北部の三国丘陵という地域における弥生系集落と縄文系集落を分析したことがある。

各地域における稲作農耕文化は、もとをただせば、朝鮮半島からの渡来集団から分かれた集団の移住と定着から始まった。その集団は、最初に稲作農耕を行う上でもっとも適した場所に生活の拠点を求めたと考えられる。そこは、水が確保できる谷出口の沖積地と台地の境界付近である。ここに作られた集落を母村《ぼそん》と呼んでおこう。

集落内に生じた余剰人員（母村の生産力で維持できる人口以上に増えた人間）には、母村を出て分村を営させるのである。分村が経営される場所は、集落の経営にとっては、最初の定着地よりは条件が劣る場所が多かった。十分な耕地が確保できない丘陵地だったり、常に水害の危険が予想される場所だったり、動物被害が懸念される山の近くだったりした。集落環境としては、母村のある一等地に比較すれば劣ることは仕方ない。そうした場所で集落が経営されている例は、今までにも数多く発掘されてきた。遺跡数の割合から見ても、そうした立地条件の遺跡の方がはるかに多い。それでも、人々は、わずかな耕地を求め、分村は山の麓や川べりなどに進出して、不断の努力によってそこを住む場

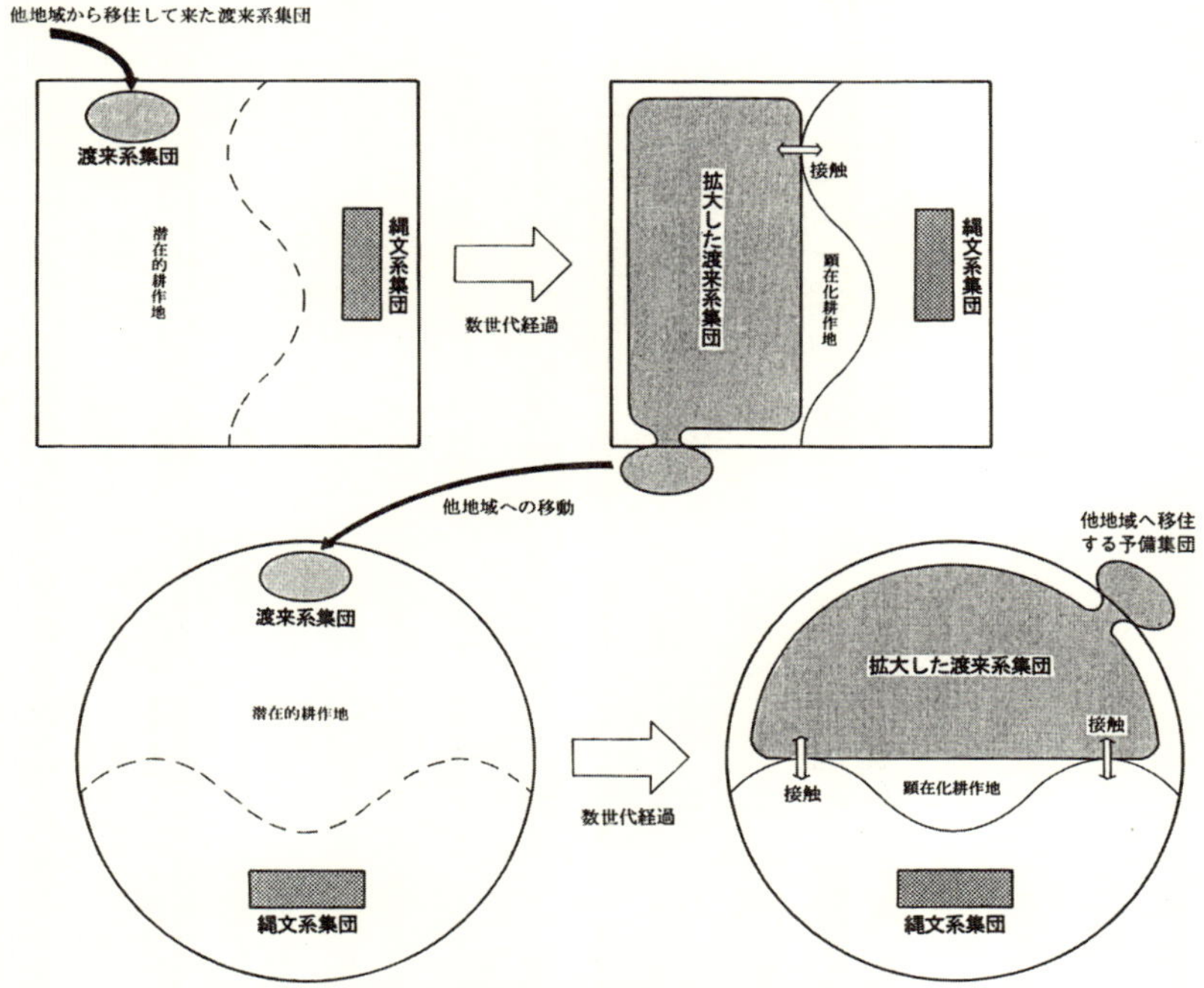

図32　母村から分村が生まれるモデル図（著者作成）

所に変えていったであろう。新たに造営される集落は、母村からの分村であるがゆえに、そこにはもとになった集落と分岐した集落との社会的関係＝母村―分村関係が成立する。

　ところが、ほんとうにいよいよ条件が悪い場所しか残されなくなったときに、分村は、その平野を離れて、まったく新たな進出地を目指して移動を始める。そして新しい土地においても、そこに最初に移住してきた集落が母村となって、再び分村を生むという繰り返しが続く【図32】。稲作農耕文化は、このようにして、西日本各地に広がっていくのであるが、その主体となったのは、渡来人であった。渡来人たちは、縄文人とは生活の拠点、生産の場所が違うので、接触する必要はなかった。しかし、時がたつに従い、また地域が東に拡大するに従い、接触する機会は増えたはずである。

母村―分村の上下関係は、それぞれのムラに属す構成員たちにおいても同様に生じてくる。そしてその関係は、母村―分村がその土地をその集団が受け継ぐことによって、母村出身者―分村出身者関係によって生じた階層はさらに確固たるものになっていくのであろう。

母村を離れて分村を造営する際に、その開拓・造営には、母村の協力が不可欠である。分村の開拓・造営は移住者自身が主体となって行うのではなく、むしろ母村集落、そしてすでに別の場所を開拓して移住している分村を含めた同族集団（出自を同じくし、共通の祖先を祭り、血によって結ばれた集団）の協働作業によって行われたと思われる。最近まで、農村で見られた「結」のようなものである。

三国丘陵の初期農耕集落

母村が分村の開拓・造営にあたったことを、三国丘陵の弥生時代前期に作られた集落を題材にして見ていこう【図33】。最初の母村とその後にできた分村の関係は、集落遺跡調査を通して知ることができる。ここに取り上げたのは、筑紫平野北部三国丘陵の力武《りきたけ》遺跡群・横隈山遺跡・北中尾遺跡である。

三国丘陵最初の農耕集落は、力武遺跡群である。力武内畑遺跡は、宝満川沖積地に突き出す中位段丘の先端に位置していて、その突き出した段丘に集落が営まれている。開始時期は弥生時代前期初頭、板付Ⅰ式期である。大型の松菊里型住居跡が確認されているほか、数軒の住居跡と貯蔵穴群が

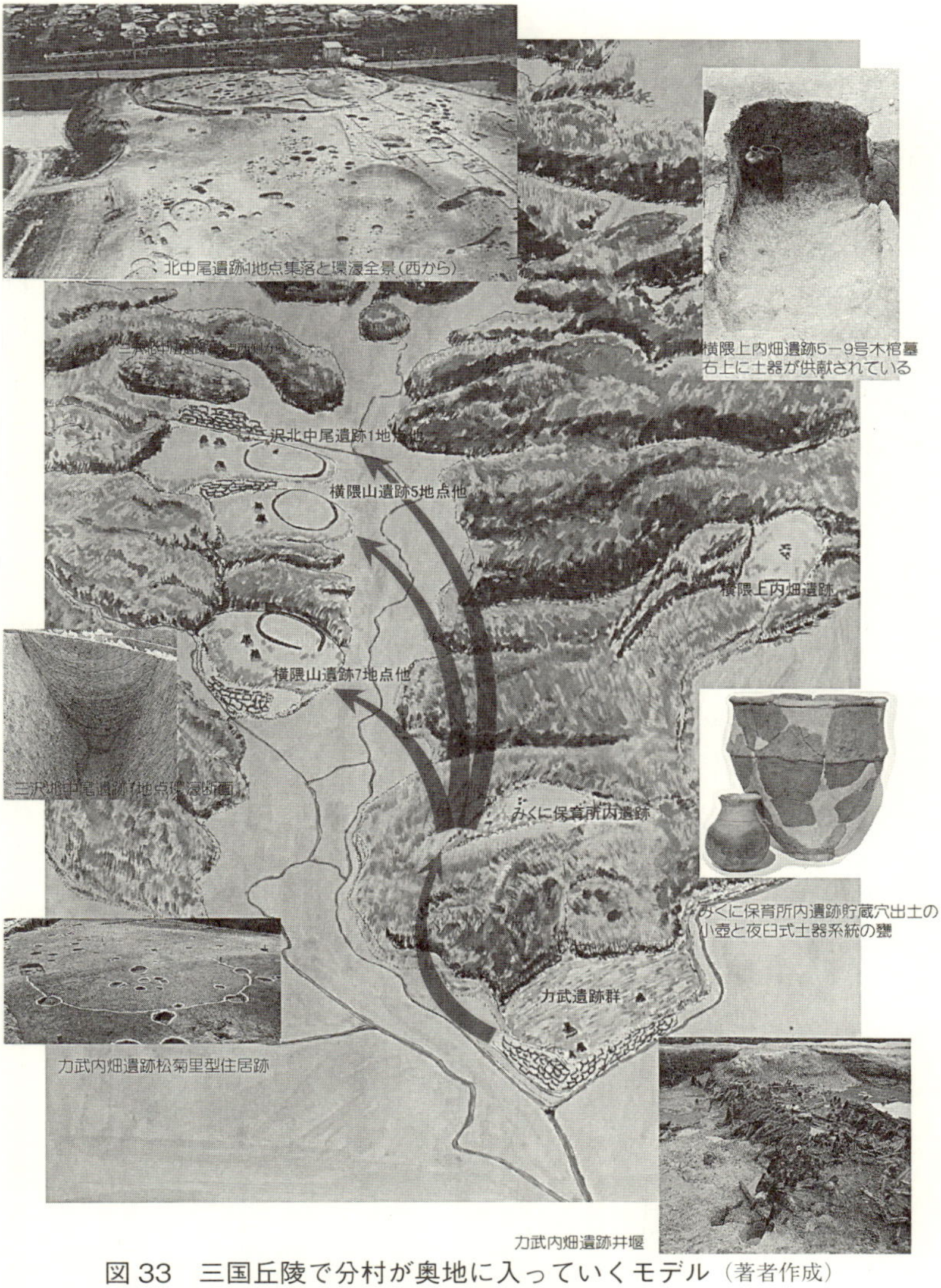

図33　三国丘陵で分村が奥地に入っていくモデル（著者作成）
（写真はすべて小郡市教育委員会提供）

最初は丘陵先端にある力武内畑遺跡から集落が始まり、序々にその分村であるみくに保育所内遺跡、横隈山遺跡5・7地点、三沢北中尾遺跡1地点へと谷筋の奥へ進出していった。

確認されている。西側には小さな谷があり、そこから流れ出す小河川の水量を調整するために井堰が作られている。井堰は約五メートル幅の流路に四〇〇本ほどの杭を斜めに打ち込み、他例とも比較して、当時にあっては完成した技術に裏付けられた構造である。西側には方形区画の水田もあるが、北東側にも水田が想定され、分水・供給したものと考えられる。

同じ板付Ⅰ式期に北側四〇〇メートルの位置にみくに保育所内遺跡がある。小規模な面積の調査でこの時期の住居は発見されていないが、集落に伴う貯蔵穴からは、板付Ⅰ式の小壺と夜臼式土器の系譜を引く甕が共伴していた。この集落は、力武遺跡群で開始された直後に起きた分村化の最初の集落の一つだった可能性が高い。

力武遺跡群から八〇〇メートルの丘陵の横隈上内畑《よこぐまかみうちはた》遺跡で、板付Ⅰ式期の木棺墓を中心とした墳墓群が発掘されている。しっかりした箱型に組み立てられた木棺墓は縄文時代にはなく、新しい農耕文化に伴ってこの地にもたらされた墓制である。

私は、このようにして、大陸からの渡来人は、自らの拡大によって文化だけでなく人口比においても弥生社会の主体者となったと考えた。(註50) 渡来人集団はすでに当初からその集団の秩序を維持するために、その集団の階層化がある段階まで実現していたと考えた。そして、分村化が進む中において、母村―分村の関係は、階層をさらに強固にした。

その繰り返しが、西日本各地に稲作農耕文化を広げた。そして、それに付随した階層性という集団のルール（社会規範）も拡大・定着したものと思える。

以上述べてきたことは、稲作農耕文化が開始・定着した考古学上の時代区分で言えば弥生時代前期から中期前半頃のことである。そうすると邪馬台国時代にあたる後期後半以後までには、少し時間がある。この間の弥生時代中期後半から後期前半にも社会の階層化はいっそう進んだのであろうが、それは集落の変化からどのように見えてくるのだろうか。

大型建物は首長の家か

集落の中で見られる一つの特徴は、大型住居跡の出現である。一例として小郡《おごおり》遺跡を見てみよう【図34】。ここには、弥生時代中期中葉に他の住居に比べて格段に大きな円形住居跡がある。直径が一二メートルの大型円形住居跡である。他の遺跡で、大型円形住居といってもせいぜい六～七メートル程度である

図34　小郡遺跡大型円形住居跡（註51、小郡市教育委員会提供）

未発掘であるが、正面中央の色の濃くなった円形（矢印で示す）が直径12mの大型住居跡である。その向こうにも同規模の円形住居があるが、同時にあったものではなく、ほぼ同じ場所に建てられた「非連続的重複」の住居である。

のに対して、ここには極端に大きな住居がある。住居の屋根勾配を四五度とすると、住居跡のいちばん高いところまでは六メートルもあることになる。こうした住居は、首長が居住したものであるとか、集会所であるとかさまざまな意見がある。『魏志』倭人伝には

その会同・坐起には、父子男女別なし。

と書かれていることから、集落には一族が集まる場所があったと考えられる。この住居は邪馬台国時代よりももっと前のものであるが、氏族の「会同」が行われた建物だったと思っている。が、同時にそれだけの物を日常何も活用しないというのはいかにももったいない。私は、その時期はすでに作られなくなった貯蔵穴に代わる米蔵などにしていたと思っている。

貯蔵穴は、住居と同じように一個一個が独立して作られていて、その管理が住居の個々の家族に属しているが、大型住居が米蔵の役割を果たすということは、それを集めて管理する者が現れたことになる。その管理者がこの大きな住居で生活したこともありうるだろう。

そして、このような大型円形住居は弥生時代中期後半〜後期初頭にかけて作られなくなる。代わって出現するのが、柱が何本もある大型掘立柱建物である。現在のところ、大型掘立柱建物でいちばん古いと考えられるのは、弥生時代中期後葉の鳥栖市柚比本村遺跡のものである【図35】。大型の掘立柱建物は、ほとんど同じ場所で四回の建て替えが行われていて、このうち最大の建物では、八間×五間（一六・九メートル×九・九メートル）の柱があり、その広さは一六二・六八平方メートル、約五〇坪もの広さを持つものである。この建物だけであれば倉庫か何かを考えるのであろうが、その位置と

図 35　柚比本村遺跡の大型建物（註 52 より一部改変、佐賀県提供）

墓地群の中心から北西側に約 30 m の所に 1 間 × 2 間の拝殿らしき掘立柱があり、さらにその北西 30 m に大型掘立柱建物があり、ほとんど同じ場所で 4 回建て替えられている。祖霊を祭るとともに、その前でまつりごとを行った祭殿と考えられる。時期は、背後の祭祀跡の土器により弥生時代中期後葉（須玖Ⅱ古）に始まり後期初頭まで続くと考えられる。

方向が問題になる。この建物と墓地の中間にある小さな建物は、その中心が一直線になり、それぞれの間隔もほぼ等間隔である。小さな建物を多くの人は墓地を直接祭る拝殿のようなものではないかと考えた。大阪府池上《いけがみ》曽根《そね》遺跡には、弥生時代中期末の大型掘立柱建物があるが、この遺跡では建物の周辺から、稲の花粉が多量に見つかっていて、この建物は稲を集めて、脱穀し、保管した場所であり、その収穫を祝う祭りの場と考えられた。

　大型掘立柱建物は、稲を保管する場所でもあるし、そこで、収穫を祝う場所でもあるし、また柚比本村遺跡のようにその恩恵をもたらす祖霊を祭る場所であった。そうした神聖な区域ができることは、その村におけるまつりごとを執り行うリーダーの出現を物語っている。

第五節　「大人」と「下戸」

「大人《たいじん》」と「下戸《げこ》」の中の身分差

弥生時代社会に階層が生まれていることは、今まで述べてきた考古学的研究でも証明できる。また、『魏志』倭人伝にも記述がある。『魏志』倭人伝に描かれた社会に「尊卑」という概念があることは第一節でも述べたが、その具体的な身分として「大人」と「下戸」というものが描かれている。「大人」と「下戸」が文章に書かれているのは次の三カ所である。

1、その会同・坐起には、父子男女別なし。人性酒を嗜む。大人の敬する所を見れば、ただ手を搏ち以て跪拝に当つ。

2、その俗、国の大人は皆四、五婦、下戸もあるいは二、三婦。

3、下戸、大人と道路に相逢えば、逡巡して草に入り、辞を伝え事を説くには、或は蹲りあるいは跪き、両手は地に據り、之が恭敬を為す。対応の声を噫という、比するに然諾の如し。

1、彼らの会合の場での立居振舞いには、父子や男女の区別がない。人々は生れつき酒が好きである。大人や敬うべき人物に会ったときにも、ひざまずいて拝する代りに拍手をするだけである。

2、風習として、国々の大人たちは四、五人の妻を持ち、下戸でも二、三人の妻を持つ者がいる。
3、下戸の者が道で大人に会うと、後ずさりをして草の中に入り、言葉を伝えたり説明したりするときには、うずくまったりひざまずいたりして、両手を地につき、大人に対する恭敬を表わす。答えるときには「噫」といい、中国で承知しましたというのとよく似ている。

これらのどの文章からも、「大人」と「下戸」には明らかに「尊卑」の差があることがわかり、その「尊卑」の違いが、社会的な身分差としての階層にあたる。階層となると、支配・被支配の関係に置き換えて考えられやすいが、支配・被支配の関係は、必ずしも経済的に余剰生産の不公平な分配関係によるものだけでない。邪馬台国時代には地縁関係が重要になってきてはいるものの、やはりまだ出自・血統が重視されていたことが、『魏志』倭人伝で「門戸・宗族」等が処罰の対象になっていることからわかる。「尊卑」というのは、単純に支配・被支配の関係だけでなく、出自・血統による差に基づくことの方が多かったことが想像される。弥生社会は、それゆえに古墳時代に入って支配・被支配の関係の方が重視される「階級」ではなく、それに至る諸要素の入り組んだ「尊卑」関係であったと考える方が正しいのではないかと思う。そこが「階層」と「階級」の違いである。

「大人」と「下戸」は、支配・被支配の関係ではなく、「大人」にはさまざまな「大人」があり、「下戸」にもさまざまな「下戸」があることが想定される。

牧健二は、1の記事によって、大人と下戸がその会同・坐起を同じ場所にすることから、「下戸」でも会議に出席する権利を持つ者がいること。2の記事の「下戸」でも「あるいは二、三婦を持つ」

図36　吉野ヶ里遺跡甕棺出土の布から復元された大人の服（佐賀県提供）

材質は絹である。それをアカニシなどの貝の染色体やアカネで赤く染めて復元している。

ことから、「下戸」の中には、裕福なものがいて、二人か三人の妻を持っていることから、「下戸」の中で身分差があることを指摘した。同様に「大人」でも国の指導者層ばかりでなく、ムラにいる指導者層にも「大人」の意味が広がっているとする考えを示した。（註53）

そうすると、「下戸」を社会の下層に位置する人々である、という見方をするのではなく、むしろ一般人（農民）としてみる方がよいのであろう。

さらにその下戸でも、二人か三人の妻を持っていることもあるとなると、「下戸」の中でも階層が分化していることになる。必ずしも妻の数が多い方が偉いわけではないのだけれども、そこに差がある以上、同じ「下戸」でも身分に差があることになってしまう。

「大人」も同様にその中に身分差がある。藤間生大も「大人」を「各国の王（自称・他称）―大人中の大人」「部落の大人」というような段階に考え、「大人」の中にも身分差があり、そうした大人の間でも相互に対立があったとしている。

『魏志』倭人伝から読み取れる「大人」と「下戸」という二段階の身分も、一様には解釈できそうもない。牧や藤間の考えでは、ムラの中で裕福な下戸と裕福でない下戸が見られるはずである。遺跡の調査でそれを調べるとなると、いちばんわかりやすいものが墓の調査である。手厚く葬られた墓とそうでない墓は、その身分差を推測する根拠になるだろう。住居でもわかるかもしれないが、やや大きな家とやや小さな家くらいの差しかわからない。むしろそれが、身分差によるものかどうかはわからないと言って良いだろう。

図37　復元された下戸の服（佐賀県提供）
材質は麻である。麻は縄文時代早期からある。布を二つに折り、折れ口に穴をあけて、それに首をつっこむ貫頭衣である。

佐原真の主張に「卑弥呼は堅穴住居に住んでいた」というものがある。(註54) 女王でさえ竪穴住居に住んでいるのであれば、「大人」と「下戸」の違い、あるいは裕福な下戸と裕福でない下戸の違いを竪穴住居の大きさや構造で考えることは、事実上不可能であろう。

クニ・国・國

それでは、個別の遺構ではなく、集落そして大人の中の大人のような、時として王や官と称される身分の者がいるムラとそうでないムラにはどのような違いが見られるのであろうか。識別する一つの目安は、環濠があるかないか、大型掘立柱建物があるかないか、周辺に十分な農地があるかどうかなどである。

そういう点で、大人の中の大人がいたと思われるムラのモデルになる遺跡は、吉野ヶ里遺跡や平塚《ひらつか》川添《かわぞえ》遺跡などである。どちらの遺跡も、前に挙げた三つの条件を満たしている。どちらの遺跡も工業団地の大造成にかかって全容がわかったが、そういう意味では運が良かったのかもしれない。もし同じような規模の工業団地の造成が今後もあれば、それらに相当する遺跡は、まだ筑紫平野に出現する可能性は極めて高い。

ところで、クニというと七世紀以後の律令体制によって、境界を決めてその範囲を管理する「国」を考えがちだが、その時代でも、「郡」と呼べば「郡庁」の所在する場所を示すことが多いように、『魏志』倭人伝の「國」も首長のいるムラそのものを指していると考えられる。私は、考古学的にわかっている集落遺跡をいくつかまとめてその範囲を「國」と呼ぶのではなく、吉野ヶ里遺跡のような中心的なムラが『魏志』倭人伝の言うところの「國」と考えている。

弥生時代のクニには点在するムラがあって、それらのムラが集合してクニになると考える人もいるが、それを完全に否定するわけではない。私は、「國」ととらえるべき中心的集落があって、その周辺の小さな遺跡がその分村として存在し、そういう小さなムラを従属させたものを支配単位としての「國」ととらえている。『魏志』倭人伝には「国邑」という単語が出てくるが、国邑こそがまさに『魏志』倭人伝のいう「國」であり支配単位としての「國」の中心集落を指すものと思う。

筑紫平野の邪馬台国時代の遺跡は、特別大きな遺跡があって、それに皆が従っているのではなく、同じような大きさで環濠をめぐらす中心的集落遺跡が点々とあって、さらにその中心的集落遺跡に従属する小さなムラを含めた一つ一つが、『魏志』倭人伝に書かれる「國」と見られる、というのが私の考えである。この考えは、すでに前著作で述べているし、その後に発見された環濠集落を加えて、増補版でも第四章としてまとめているので参照願いたい。(註55)

ただし、ここで気を付けておかなければならないことは、「國」と表現したのは、当時の倭を見た魏使であり、それが中国的な表現であることである。そもそも「國」という字義は、以前の著作でも述べたが、一定の範囲（口）を武器（戈）で守るところであるが、そういう発想の中国人が見た「國」であるから、私たちはそれと同じ感覚で当時の社会を見てはいけないということである。

『魏志』倭人伝の冒頭の文章に次のようにある。

倭人は帯方の東南大海の中に在り、山島に依りて國邑をなす。

「国邑」の実態は、前著でも書いたが、考古学調査により国の位置がほぼ確定している一支国、伊都国、奴国においては、それぞれの国邑をかなり具体的な遺跡名とその範囲を明瞭にして指し示すことができる。

　吉野ヶ里遺跡は、『魏志』倭人伝に書かれたうちのどのクニにあたるかはわからないが、それでも環濠集落である吉野ヶ里遺跡が「クニ」であって、同時にムラである。そして、その周辺に点在する小集落はあくまでもその国に従う小さなムラにすぎず、それを含めてクニとも言ってよいが、あえてそれを含めなくてもクニとして成り立っている。その点は、周囲のムラが吉野ヶ里遺跡を支えるという七田忠昭の考え方は参考になる(註56)【図38】。

　私は、周辺の小集落は、現代的に見ればムラではあるが、その中に「大人」「下戸」のような階層による差が生じることもままならない規模の小

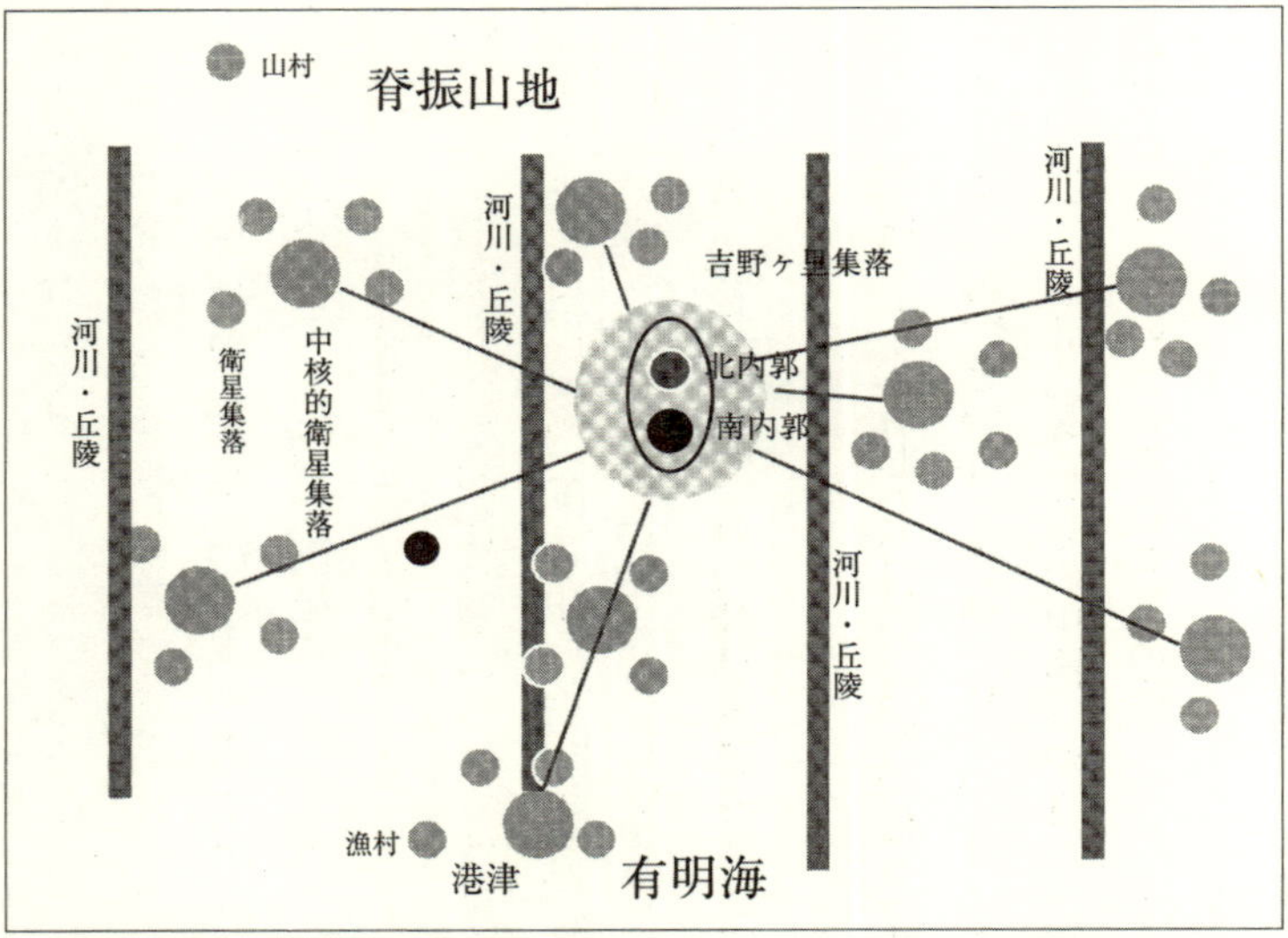

図38　七田忠昭作成の吉野ヶ里遺跡を中心としたクニのモデル（註56より）

さなぜい弱な集落と考えている。これが分村の実態だと思う。

「下戸」は、会議にも出席でき、二、三婦を持つものもいるとなると一般人である。私たちが調査している竪穴住居の多くの住人は下戸なのである。そうなると、階層を考えるとき次に「下戸」よりも劣り、「下戸」にさえなれない階層があったのではないかという考えにも及ぶ。

奴婢と生口

『魏志』倭人伝には、下戸よりも身分の劣る人々のことも書かれている。それは「婢」や「奴婢」と表現されている。

1、王と爲りしより以來、見る有る者少なく、婢千人を以って自ら侍せしむ。

2、卑彌呼以って死す。大いに冢を作る。徑百餘歩、徇葬する者、奴婢百餘人。

1、王位に即いて以来、彼女に目通りした者はほとんどない。千人の侍女を自分のまわりに侍らせ、

2、卑弥呼が死ぬと、大規模に冢が築かれた。その直径は百余歩。奴婢百人以上が殉葬された。

奴婢は、時代や地域によって多少意味が違っているが、ここでは「奴」と「婢」は、1・2の文章のようにそれぞれ使い分けているので、「奴」は男の奴隷、「婢」は女の奴隷と解釈してよさそうである。2では、卑弥呼の死に際して百余人の奴婢が殉葬されたことになっている。しかし、日本ではまだ、エジプトや中国のように、王の死とともに確実に人間が殉葬された遺跡は発見されていない。今後も発見されないという断言はできないが、これも魏使による中国的な感覚で書かれている

ことを忘れてはいけない。

今日的に言えば、人権を持たない人々が、この邪馬台国の社会にはいたのである。

また、卑弥呼が魏に献上したものの中に、奴隷と考えられる「生口」というものも出てくる。

1、汝献ずる所の男生口四人・女生口六人・班布二匹二丈を奉り以って到る。

2、其の四年、倭王、復た使大夫伊声耆・掖邪狗等八人を遣わし、生口・倭錦・絳青縑・緜衣・帛布・丹・木狒・短弓矢を上献す。

3、壹與、倭の大夫率善中郎將掖邪狗等二十人を遣わし、政等の還るを送らしむ。因って台に詣り、男女生口三十人を獻上し、白珠五千孔・青大勾珠二枚・異文雑錦二十匹を貢す。

4、之を名づけて持衰《じさい》と爲す。若し行く者吉善なれば、共に其の生口・財物を顧し、若し疾病有り、暴害に遭えば、便ち之を殺さんと欲す。其の持衰謹まずと謂えばなり。

1、汝の献上物、男の奴隷四人、女の奴隷六人、班布二匹二丈を奉じてやってきた。

2、同四年、倭王はふたたび大夫の伊声耆・掖邪狗ら八人を使者に立てて、奴隷・倭錦、絳青の縑、緜衣・帛布・丹・木狒、短弓とその矢を献上した。

3、壱与は、倭の大夫で率善中郎将である掖邪狗ら二十人を遣わして張政らの帰還を送らせ、〔朝鮮に渡った倭の使者は〕そのまま中国の朝廷におもむいて男女の奴隷三十人を献上し、白珠五千孔、青大句珠二個、異文の雑錦二十匹を貢物としておさめた。

4、これを持衰と呼ぶ。もしその旅が無事であれば、皆でその者に家畜や財物を与える。もし病気が出たり、思いがけない災害にあったりすれば、人々はその者を殺そうとする。彼の持衰が充分に慎み深くなかったから〔そうした事が起ったのだ〕というのである。

1は景初三年（二三九）六月に献上を願い出て、十二月に出された詔書の文書である。2は正始四年（二四三）の記事である。3はこの記事だけでは年代はわからないが、正始八年か、その直後に卑弥呼の死により国内が混乱して、壱与が十三歳にして立てられたという記事に続いているので、3の記事のでき事は、壱与共立からそれほど時間を置いていない頃のことと考えられる。

4の文章を補足すると、中国への渡航に際し、一定の期間頭髪を解かず、湧いた虱《しらみ》を取らず、肉を食べず、女を近づけず、喪に服するような禁欲生活をおくる持衰と呼ばれる一人の人間を渡航団に同行させる。これが持衰であるという。生口は、この持衰が無事中国への渡航がうまくいったときの褒美の一つである。

『後漢書』東夷伝にも生口の記事がある。

安帝の永初元年、倭の國王帥升等、生口百六十人を献じ、請見を願う。

後漢の安帝永初元年（一〇七）の記事である。

生口は、このように倭の方が代替わりしても中国皇帝への貢物として出てくる。

生口は、他の同時期の中国史書でも、『後漢書』西南夷《せいなんい》伝、西羌《せいきょう》伝、南匈奴《みなみきょうど》伝などに、戦争による捕虜に対して使われていることから、捕虜にされて奴婢身分になったものという解釈がなされてきた。

ところが昭和の初め頃の数年間、この生口が何かということをめぐっての論争が起きた。これは後に「生口論争」と言われている。

「生口」をめぐって最初に問題を提起したのは、中山平次郎であった。中山は、当時の弥生社会が金属器文化であることが明らかになるにつれ、大陸のその進んだ技術を導入するために大陸に送られたものがいると考え、それを生口だと考えた。中山の言葉を借りれば「在外研究員ともいふべき秀才」のような存在だったのである。(註57)

これに対して、橋本増吉は、倭が大陸に送って喜ばれるものであるから、『魏志』倭人伝の中の「今倭の水人、好んで沈没して、魚蛤を補え、」に注目して特殊技能者としての「潜水漁民」という考えを示した。(註58)

その後、日本人以外の戦争捕虜、隼人《はやと》、あるいは奴婢などのさまざまな意見が出されたが、単純に奴隷と考えなかったことは、どんなに野蛮でも日本人が自国民にそのようなことをするはずがないというような考えが社会にあったと思われる。

4の文章を見ても、生口は持衰の意のままになる奴隷であることが想像される。

生口は、どうしてその身分になったのか、それはまだはっきり分かっていないが、先に挙げた『魏書』西南夷伝などにあるように、戦争奴隷という可能性もあるし、刑罰によってその身分に落とされたのかもしれない。

この論争は、最終的にはどのような具体的な身分かということにまで及ばなかったが、早川二郎の次の言葉に生口の本質があるように思う。

「『生口』が留学生である場合は別として、漁父《ママ》にせよ、捕虜にせよ、未開人にせよ、人間を貢献したのである以上、依然として当時の我国に奴隷制度の存在したことだけは否定すべくもない。」

この生口に関する記事も邪馬台国の所在地を考える上で一つのヒントになる。藤間生大・井上光貞は、この『後漢書』東夷伝の「倭国王」は誤記であって、唐代の『通典《つてん》』に引く「倭面土国」等を考証し、もともとは「倭面土国」だったという内藤湖南説を支持し、藤間生大は、生口を献じたのは倭国王帥升だけでなく倭面土国王帥升等の「等」に注目し、朝貢の主体が倭の中の一国だけでなく連合したものであって、その代表を倭面土国王帥升と解釈したが、井上光貞も安帝の永初元年の生口が一六〇人で、それ以後景初三年（二三九年）に卑弥呼が献じた男生口四人・女生口六人、さらに壱与の献じた生口は男女生口三〇人なので、その数があまりに多いのは、倭面土国を盟主とする周辺諸国の連合国がそれぞれ生口を献じたために一六〇人という大きな数になったと解釈している。

それでは倭面土国はどこかというと、井上は橋本増吉の説である東松浦郡周辺、つまり後の末盧國としている。

第三章　邪馬台国時代の組織と役割

第一節　王・王族とは何か

王とはどのような存在か

『魏志』倭人伝には、「王」という文字がいくつか見られる。

乃ち共に一女子を立てて王と爲す。名づけて卑弥呼と曰う。

倭の女王卑彌呼、狗奴國の男王卑彌弓呼と素より和せず。

卑弥呼も卑弥弓呼《ひみくこ》もともに「王」と書かれている。

ひとくちに「王」と言ってもさまざまな王の姿がある。

王には、古代エジプトのファラオやハンムラビ法典で有名なシュメールのハンムラビ王のような古代専制君主もいれば、ギリシャ・ローマの五賢帝やカエサルように執行官が皇帝となって司祭職も含めた宗教儀礼をつかさどるときもあれば、時代は下って一七世紀のヨーロッパには、「太陽王」と呼ばれたルイ一四世のように、王そのものが神であると主張する者も現れた。

王が王であるがために持つ資質や資格・条件は、歴史上多様であり変化もしている。しかし、王と呼ばれるためには、一定の条件があるという考え方もある。

世界各地の王権を研究したA・M・ホカートによると、王権の普遍的な要素の一つは、神性を持つことであるという。そこで戴冠式儀礼の重要性が指摘される。なぜなら戴冠式は、「この儀礼本来の機能は人間を神に変えることである」からである。(註1)

卑弥呼が「鬼道に事え、能く衆を惑わす」のは、そこに神性は認められるが、卑弥呼そのものが神と常に一体化しているということではない。

ホカートの示すもう一つの普遍的な要素に、王と王族・貴族・住民等の間に明瞭な階層の違いが見られなければならないという点がある。王を一族の中から出す王族は、王の王権を維持するために王を支えていかなければならないし、その王族の属す部族全体は、王族の特権を維持するためにそれを支えていかなければならない。

王族は、王族だけでは王権を維持することはできず、部族全体の協力が必要である。そのために部族内にある血縁関係は、政治的な支配・従属関係にさまざまな形で王・王族を生みだす基本的要素である。そして、血縁関係というものは、ある意味で王とそれ以外の支配者・被支配者間の相互依存関係を正当化する役割を果たしている。

吉野ヶ里墳丘墓は王族墓か

ここで考古学的に「王族墓」と言われているものが、果たして、王と王族の階層的関係に基づいているものかどうか考えてみた。

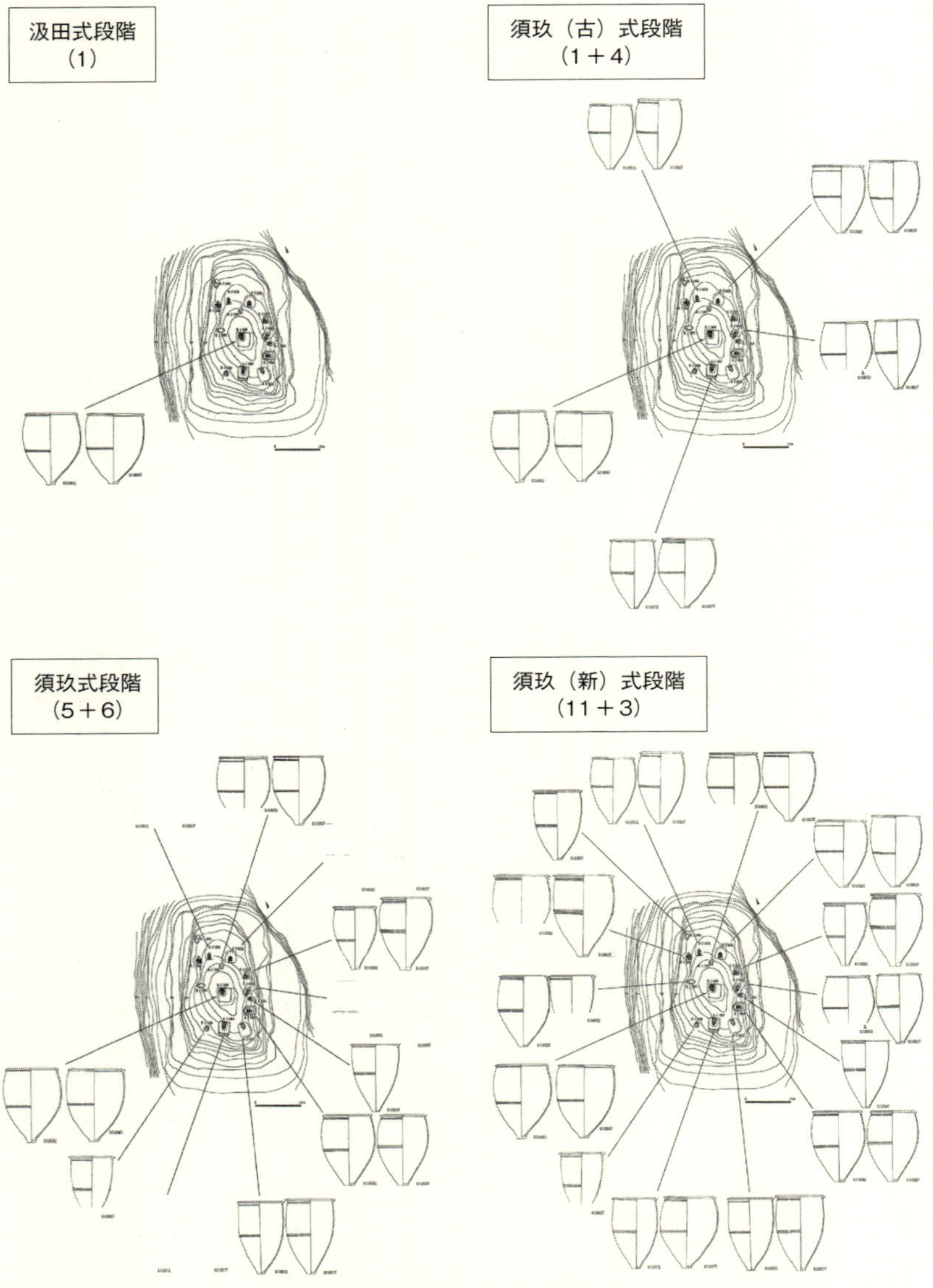

図 39　吉野ヶ里遺跡墳丘墓の時期別甕棺追葬状況（筆者作成）
各段階の下の（　　）は、それまでの数＋その段階の数を示している。

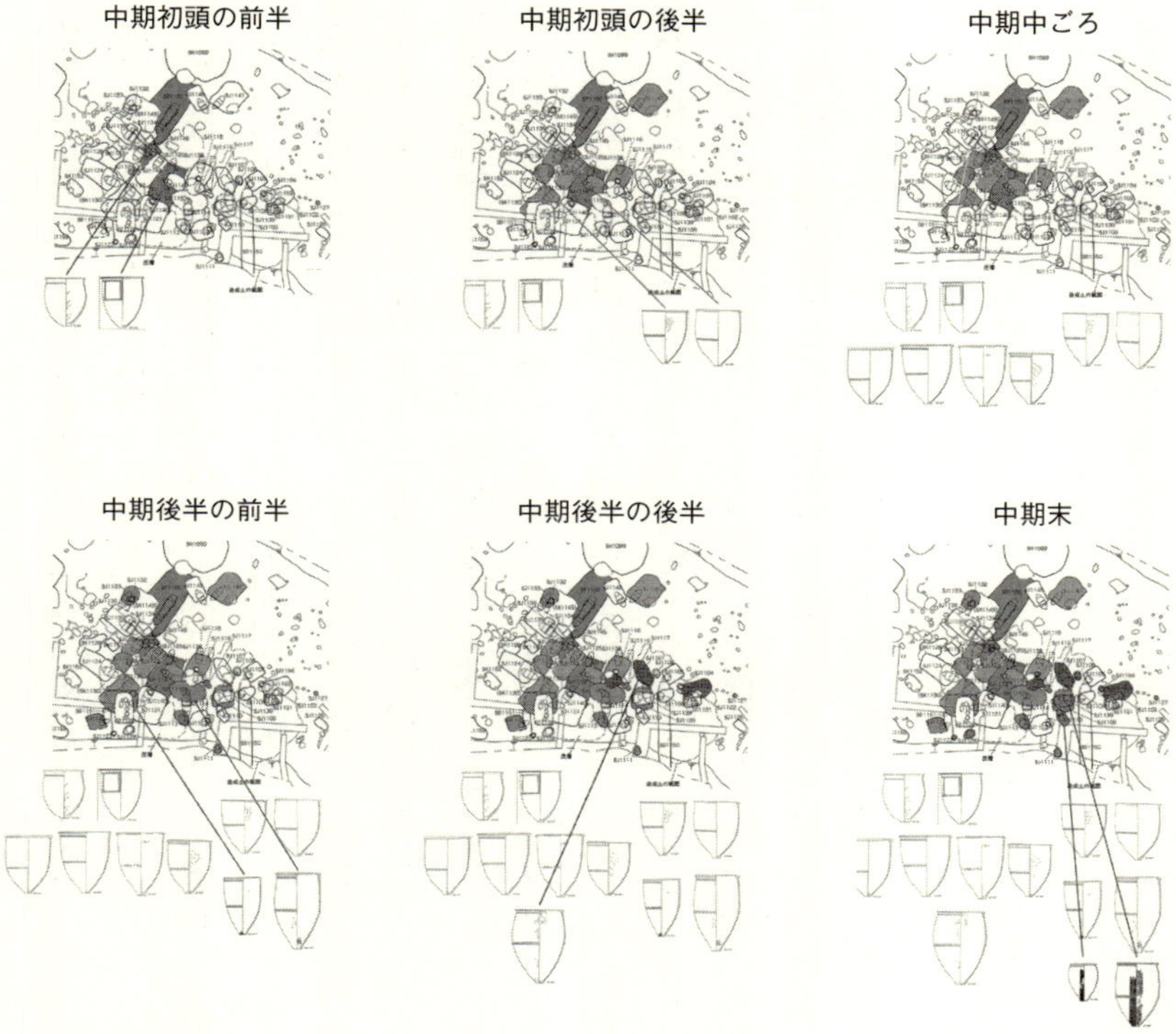

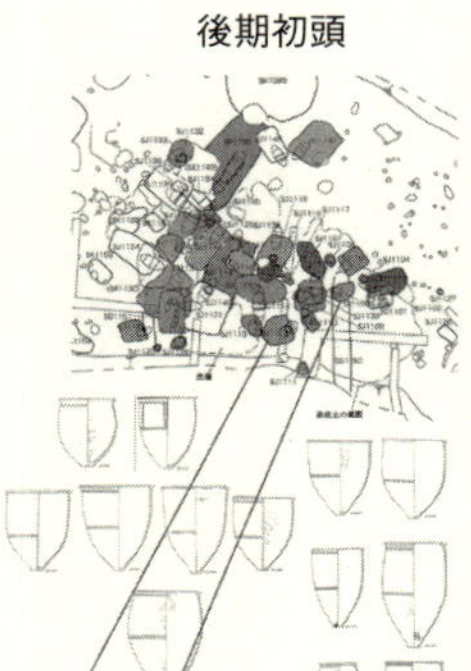

図 40　柚比本村遺跡墳丘墓の
時期別墳墓追葬状況図（筆者作成）

柚比本村遺跡の墓地は、土壙墓 1、甕棺墓 45、石蓋土壙墓 2 があり、それらは弥生時代中期初頭から後期初頭まで徐々に作られている。この中でもっとも時代が古くさかのぼるものは、中期初頭の木槨墓で、次に甕棺が作られていく。

佐賀県吉野ヶ里遺跡の弥生時代中期にできた墳丘墓は「王族」の墓とされている。「王族墓」というのであれば、王族とは何かを検討しなければならない。

「族」は、『大漢和辞典』では「みうち・みより」「家すじ」「やから」とされている。ということになると、「王族」というのは「王の血縁関係のある身内」ということになる。果たして、吉野ヶ里遺跡墳丘墓に埋葬された甕棺一つ一つの主が王とその血縁関係を持つ一族、王と王族なのだろうか。この墳丘墓の中で王を探し出すとすればどの甕棺になるのだろうか。先に私の結論を述べれば、この吉野ヶ里遺跡墳丘墓は、「王」がいてそれを支える「王族」という関係で作られた墳丘墓ではない。

このことを考えるために、吉野ヶ里遺跡墳丘墓に埋葬された甕棺が、時期別にどのように追加されていったのかを検討してみた(註2)【図39】。すると、図のように、最初に中央のもっとも古い段階の甕棺が埋葬された汲田《くんでん》式段階（紀元前二世紀はじめ頃）からもっとも新しい段階の須玖《すぐ》新式（紀元前一世紀中頃～後半）の約一二〇年間に、わかっているだけでも一四個一四人分の甕棺が埋葬されている。しかし、墳丘墓は全部発掘されているわけではなく、この倍くらいはまだ甕棺が埋まっていると考えられる。そうすると一二〇年のうちに三〇人分近くの墓があり、およそ四年に一個の甕棺が続けて埋葬されていることになる。ここに埋められている人が皆王だとすると、王は四年ごとに交代することになる。これではあまりに頻繁すぎる。吉野ヶ里遺跡の墳丘墓に埋葬された人々は、特別な指導者階層であったかも知れないが、一人の王とはいえないであろう。

鳥栖市柚比本村《ゆびほんむら》遺跡墳丘墓でも、墓が作り始められた弥生時代中期初頭から後期初頭までの約

二〇〇年間に、合計48基の墓がある【図40】。ここでも平均して約四年に一度追葬されたことになる。[註3]

先に述べたように、王と王族の間には、明瞭な階層の差が認められなければならない。そうすると、ここに埋葬された人々の中に、特に手厚く葬られた甕棺があったとしても、墳丘墓内に埋められているところを見ると、そこにはまだ明瞭な階層差を認めるわけにはいかないのではないだろうか。「王族」というからには、王がいて、その王を輩出する一族でなければならない。つまりどこかに「王」がいて、はじめて「王族」となるのである。「王墓」があるから「王族墓」があるのである。吉野ヶ里遺跡や柚比本村遺跡では、その内部でも外部でも構わないが、特別な存在である王の墓は発見されていない。

したがって、吉野ヶ里遺跡の墳丘墓のようなものに対して「王族墓」と呼ぶのには躊躇せざるを得ない。それではこれらの墳丘墓をどのように呼べばよいのだろうか。

考古学的には「特定集団墓」というやや難解な用語が用いられている。その「特定集団」とはいったいどのようなものであろうか。一人の卓越したリーダーではなく、特定のリーダーグループのことである。それらは、最近まで残っていたような、しかるべき血筋を持った年齢階梯《かいてい》集団（一定の年齢幅のグループ）であったと考えられる。[註4]そのリーダーグループの中でも、いくぶんの身分差があったが、基本的には集団指導体制が維持されたと考えられ、そのリーダーグループの墓が、吉野ヶ里遺跡の墳丘墓のようなものだったと思われる。

ここでは、取り上げなかったが、福岡市吉武高木《よしたけたかぎ》遺跡は、整備後公開された遺跡のキャッチフレーズは、「日本最古の王墓」である。吉武高木遺跡に「王」が何人もいたとは思えない。吉竹高木遺跡の墓群もまだ集団指導体制における「特定集団墓」とみるのが妥当である。

王墓以外の「特定集団墓」

吉野ヶ里遺跡の墳丘墓に埋められた甕棺の最後の段階かその直後に、中国製の鏡や青銅器を副葬した甕棺墓が発見されて、やはり「王墓」や「王族墓」と報道されている。

飯塚市立岩《たていわ》遺跡は、鏡六面を副葬した一〇号甕棺をはじめ、その他五基の甕棺も鏡をはじめ多くの副葬遺物があるが、(註5)全体としては集団墓の様相を呈している。筑前町峯《みね》遺跡二号墳丘墓は、前漢鏡等を出土した一〇号甕棺を含む一帯の甕棺を浅い溝で区画し、甕棺の掘方や残存具合を見ると、もともとは墳丘があったことが想像される。しかし区画内部に埋葬された多数の甕棺の中で一〇号甕棺が周囲のその他の甕棺群とは隔絶した状況を作りだしていない。(註6)筑紫野市隈《くま》・西小田《にしおだ》一三地点二三号甕棺墓も前漢鏡をはじめ貝輪などの副葬品を持っているが、やはり集団墓の中の一員である。(註7)平成七年(一九九五)に発見された日田市吹上《ふきあげ》遺跡でも、集団墓の中にある四号甕棺から銅戈一、鉄剣一、貝輪一五、勾玉一、管玉約四九〇が出土している。(註8)

これらの前漢鏡が出土した甕棺墓は、鏡の大きさや、その他の副葬品の質などを考慮すれば、後述するが、須玖岡本《すぐおかもと》遺跡や三雲南小路《みくもみなみしょうじ》遺跡、井原鑓溝《いわらやりみぞ》遺跡などの「王墓」よりは格の落ちるものといわねばなるまい。

これらは、全部「王墓」という名称でもって報道されたり論じられたりしているが、そうした言い方に疑問を持つ人は多い。現在のように発掘調査によって、多くの「王墓」といわれる甕棺が出てくるより前に、柳田康雄は「王墓」の条件として、①他から隔絶した占地、②隔絶した内容の副葬品、③中国前漢皇帝からの下賜品の存在、④王権を証明する文字資料の存在、などの条件を挙げた。[註9] 確かに副葬品を有した甕棺でも伊都国の三雲南小路遺跡と井原鑓溝遺跡、奴国の遺跡須玖岡本遺跡の例は飛び抜けた存在であって、他の「王墓」とは区別すべきであり、私もこの考えに従いたい。

それでは、立岩遺跡・峯遺跡・隈・西小田遺跡・吹上遺跡などの手厚く葬られた甕棺を中心とした甕棺墓群を何と呼べばよいのだろうか。私は吉野ヶ里遺跡などと同様に、集団指導体制をとった「特定集団墓」と呼びたい。これらの遺跡の時期は、弥生時代中期後半から末であり、すでに伊都国・奴国では、須玖岡本遺跡のような王墓が出現し、階層化が一層進んだ状況が見いだせる。そうすると、弥生時代中期までは伊都国・奴国以外の地域では、階層化の発達が遅れたことになる。むしろ、伊都国・奴国の状況の方が普通ではなく、北部九州全体で見れば、伊都国・奴国の地域だけが、急に階級社会に入ったような感じに見られるが、そうした状況が、その後伊都国・奴国でも続いていたかどうかはわからない。

伊都国では、後期の初めまで、井原鑓溝遺跡によって、そうした社会体制が続いていることがわかり、そのまま平原《ひらばる》遺跡に継続するように考える人もいるが、私は、井原鑓溝遺跡でいったん、伊都国がこのような傑出する一人の人物によって統治される状況が終わり、再び本来の九州的な緩やかな階層社会に戻ったと思っている。

『魏志』倭人伝でも、男の王が立ったが、それでまとまらず国が乱れたため卑弥呼を共立し、さらに卑弥呼の死後はまた男の王が立って支配しようとしたが、再びまとまらず壱与が共立されている。北部九州の弥生社会の階層化もこのように、一つの方向にだけ向かって進化するのではなく、何度も行きつ戻りつして発展していったものと思われる。

第二節　王としての卑弥呼

魏使の見た王

『魏志』倭人伝に卑弥呼は、

鬼道に事え、能く衆を惑わす。

と書かれている。魏使は直接卑弥呼に謁見《えっけん》したのではないだろうが、憑依《ひょうい》（人の生霊・死霊、動物霊などが人間の体内に入ることによって、その人が精神的、肉体的に影響を受ける現象）と予言を行いながらまつりごとを行う卑弥呼は、魏使から見れば神性を備えていると認識されたのであろう。より具体的に書かれた次の文章は、魏使が卑弥呼の王としての評価をいっそう高く認めていたと思われる。

年已に長大なるも、夫壻なく、男弟あり、佐けて國を治む。王と爲りしより以來、見る有る者少なく、婢千人を以って自ら侍せしむ。ただ男子一人有り、飲食を給し、辭を傳え居處に出入す。宮室・樓觀・城柵、嚴かに設け、常に人有り、兵を持して守衛す。

彼女はかなりの年齢になっても、夫はなく、その弟が国の統治を輔佐した。王位に即いて以来、彼女に目通りした者はほとんどない。千人の侍女を自分のまわりに侍らせ、男子がただ一人だけいて、飲食物を運んだり、命令や言上の言葉を取り継いでいた。起居するのは宮室や楼観の中で、まわりには城壁や柵が厳しくめぐらされ、兵器を待った者が四六時中、警護に当たった。

その周辺にいる男弟は、当然卑弥呼の血縁者であり、奴隷身分と考えられる婢が千人も仕え、ただ一人の男子が身の回りを世話し、常に守衛する親衛隊を思わせる者たちが卑弥呼を守っているという状況が述べられている。

この文章を見る限りでは、卑弥呼の地位は魏使にとっては、王と認めるに十分であったと思われる。『魏志』倭人伝が書き記した国々の中で王と書かれているものは、伊都国の「世々王」と邪馬台国女王卑弥呼と狗奴国王卑弥弓呼だけである。ただし「世々王あり」は伊都国までの対馬・一支・末盧にもかかり、これらの国でも王がいたとする考えもある。伊都国を邪馬台国連合の一員ととらえるかどうかは不明であるが、明らかに邪馬台国連合の国の中で王としての名が記されているのは、邪馬台国女王卑弥呼だけである。

『魏志』倭人伝には、卑弥呼が乱を終えるために共立された以前に「男王」がいたと書かれている。

国名	官職名		固有名称
	中国的名称	倭人的名称	
対馬国		卑狗・卑奴母離	
一支国		卑狗・卑奴母離	
末盧国			
伊都国	王・一大率		爾支・泄謨觚・柄渠觚
奴国		卑奴母離	兕馬觚
不弥国		卑奴母離	多模
投馬国			彌彌・彌彌那利
邪馬台国	倭王		伊支馬・彌馬升・彌馬獲支・奴佳鞮・難升米・牛利
狗奴国	王	狗古智卑狗	

図41　国々の役職・固有名詞

中国の使者が見ても倭には王と書かれている存在はその程度の数しかいなかったのであろう。

それでは「王」の記されていない国々では「王」がいたのかどうかという問題になる。それらの国々には、「王」と記されていなくても「官」(長官)がいる。例えば対馬国・一支国では「卑狗《ひこ》」、不弥国では「多模《たも》」、投馬国では「彌彌《みみ》」とされている。「卑狗」は官職名であるが、その後の「多模」・「彌彌」等が個人名である可能性が高いことを考えると、あるいは「卑狗」も個人名なのかもしれない【図41】。

問題は、これらの「官」はその国においての最高位の指導者であるにもかかわらず、魏使はそれらを「王」として認識していないことである。このことは、前節の王墓の一時的発達に見たように、筑紫平野をはじめ、北部九州では「王権」が継続しなかったことと関係があると思われる。

「長《おさ》」のような「王」

書かれた時代は新しいが、王朝としては魏よりも古い後漢の正史である『後漢書』東夷伝には、次のように書かれている。

倭は韓の東南大海の中に在り、山島に依りて居を爲す。凡そ百餘國あり。武帝、朝鮮を滅してより、使驛漢に通ずる者、三十許國なり。国、皆王を稱し、世世統を傳う。その大倭王は邪馬臺國に居る。

『魏志』倭人伝では、倭諸国の長が「官」と表現されていたのに対して、『後漢書』東夷伝では、諸国には、皆王と呼ばれる者がいて、代々王の系統を伝えている。そして、その大倭王は邪馬台国にいる。

とあって、その中でも邪馬台国の王は「大倭王」とされている。

『後漢書』東夷伝は、『魏志』倭人伝と似た表現が多くあるので、『魏志』倭人伝やそのもととなった『魏書』等を参考にした節がある。そのまま読むと、「国、皆王を称し」ながらも邪馬台国だけに「大倭王」がいるとある。ところが、『魏志』倭人伝では、伊都国を除いて王が「官」と変わり、邪馬台国も「大倭王」が「倭王」になっている。『後漢書』東夷伝は邪馬台国時代から二〇〇年後、南北朝時代に范曄《はんよう》が編纂したものなので、当時の「国」というものの考え方に、邪馬台国時代により近い『魏志』倭人伝とは違った「国」や「王」の見方が反映されたのだと思う。

そもそも卑弥呼を「王」と書き記したのは、中国の文献であって、当時の倭で卑弥呼を「王」と呼んでいたのかどうかは不明である。おそらくそのようには呼んでいなかったのであろう。さらにその存在が、中国世界における王と同じようなものと認識されていたのかということもはなはだ疑問である。私は邪馬台国の人々も、卑弥呼自身も、藤間生大や石母田正が早くから言っているように、その権威は神に代わる存在として君臨する「王」とはまったく別物の認識しかなかったのではないかと考える。日本には、一時代前の言い方でその立場を表す適切な言葉がある。それは「長《おさ》」である。長はときとしてリーダーでもあり、時として有能な調整役であり、民衆からは畏怖の目を持って見られ、同時に尊敬や親しみを持っても見られた。弥生時代の「王」とは、そのような存在であったに違いない。

第三節　弥生時代王墓・王族墓の誕生

ほんとうの「王墓」

今いちど、考古学的資料から王を見てみよう。西日本各地域では、弥生時代の終わりから古墳時代の初頭にかけて、日本の近畿地方から北部九州までの一帯で、確実に階級社会への発達を示す特定個人墓が作られていく。

吉備地方では総社市宮山《みややま》遺跡や倉敷市楯築《たてつき》遺跡、山陰地方では出雲市西谷《にしたに》三号墓や鳥取市西桂見《にしかつらみ》遺跡、丹後地方では京都府大風呂《おおぶろ》南遺跡一号墓等であるが、とりわけ注目されるのは、大和盆地東南部の纒向《まきむく》古墳群にある石塚古墳をはじめとする纒向型前方後円墳である。これらがその後の古墳時代に続く各地域の首長になっていくことに異論をはさむことはできない。それでは、それらの地域でそれよりももっともっと古く弥生時代のうちに、特定個人墓の出現に到達するまでの発展段階がわかるのかというと、これだけ全国的に発掘調査が進んだ中でも北部九州ほどに具体的な遺跡として継続してわかっているところはない。

北部九州の弥生時代中期には、先に述べた吉野ヶ里遺跡などで確認された墳丘墓のように、まず「王」と呼ばれても特定個人の段階に先立ち、集団を指導するリーダーたちが埋葬された「特定集団墓」の存在があることがわかった。

続く弥生時代中期後半から王墓が出現する。集団を一人で指導する王は、「特定個人」なので、その墓は「特定個人墓」であるが、ここではそれよりもイメージの湧きやすい「王墓」としておく。その最大の特徴は須玖岡本遺跡・三雲南小路遺跡・井原鑓溝遺跡など、①間近に隣接して墓や住居などがなく隔絶した特別な存在であること、②墓から少し離れた場所にそれを支えたと考えられる一族が葬られた「王族墓」がある、という点である。この「王族墓」は、吉野ヶ里遺跡墳丘墓に見たような集団を指導するリーダーたちの「特定集団墓」ではなく、「王」を頂点にしてそれを支える一族の墓である「王族墓」である。これらの遺跡は、それぞれ『魏志』倭人伝の伊都国、奴国に相当する地域でそれぞれの国の王墓に伴って造られている。

奴国王墓と王族墓

春日市須玖岡本遺跡は、明治三二年（一八九九）に発見された。熊野神社西北一〇〇メートルに位置する大石の下に埋められた弥生時代中期後半の甕棺が発掘され、その甕棺の中からは、鏡と銅剣・銅矛・銅戈などの武器形青銅器、ガラス製璧・ガラス製勾玉などが出土した。鏡の面数は明らかではないが、草葉紋鏡三面を含む前漢鏡が約三〇面と推定されている。この須玖岡本遺跡の甕棺墓は、その地が『魏志』倭人伝にある奴国にあたるために奴国王の墓と考えられている。

この須玖岡本遺跡王墓の五〇メートル北西には墳丘墓が発見された。この墳丘墓はまだ完全に発掘されているわけではないが、推定で二五メートル×一八メートルの規模で、墳丘の周りには幅四メートルの溝があった。現在までに一八基以上の甕棺が埋められていることがわかっていて、時期は「王墓」と同じ弥生時代中期後半である。一〇基の甕棺しか完全に掘られていないが、そのうちの二基の甕棺から鉄剣、鉄矛という重要な遺物が発掘されている。(註10)墳丘墓は周囲の一般の甕棺から区別されるのと同時に、須玖岡本遺跡王墓からも区別されるというあり方を示し、まさに王墓と一般墓の中間に位置している。この墳丘墓に埋葬された集団は、王を支える王族の集団とみなされる。これが

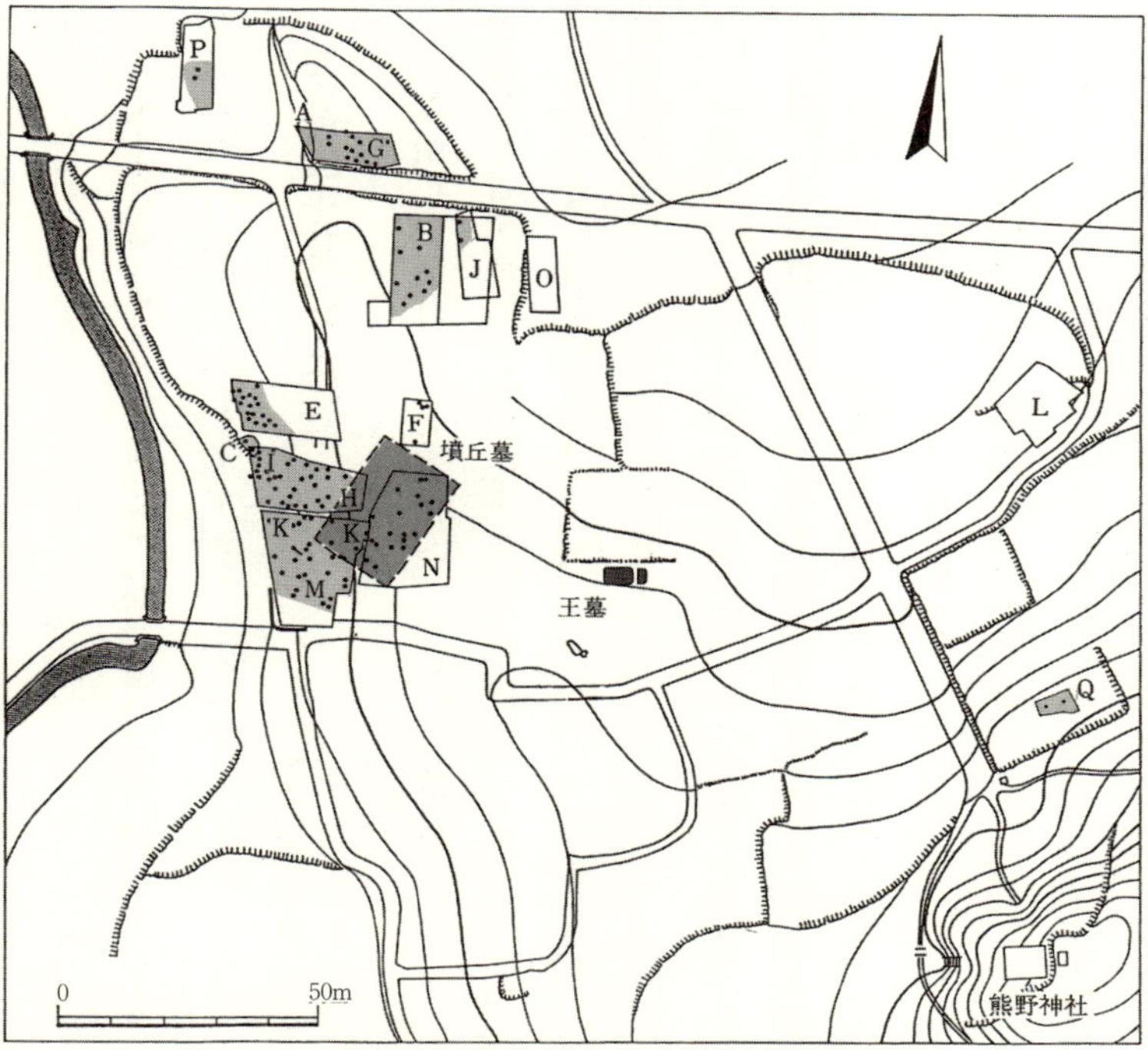

図 42　須玖岡本遺跡の王墓と王族墓（註 10 より）

王族墓である。つまり、吉野ヶ里遺跡のように特定集団墓―集団墓という二重の関係ではなく、王墓―王族墓―集団墓という三重の関係になる。それまでの特定集団墓とはまったく別ものである。

　奴国は須玖岡本遺跡の後に「王墓」の存在は知られていない。奴国の王権がこれを境に衰退するという考えもあり、奴国が伊都国に併合されたというような見方も述べられた。しかし、考古学的な発見は偶然による可能性が高く、今発見されていないからと言って、必ずしも王権が衰退したとは言えないのである。

　むしろ近年の須玖丘陵周辺の状況を見ると、その周囲の遺跡群からは、相次いで鋳型・鋳造施設など青銅器生産に関わる遺跡が発見され、須玖岡本遺跡の弥生時代後期を解明する資料が蓄積しつつある。以前丘陵全体をとり囲む環濠の存在を指摘したように、須玖岡本遺跡の王墓（弥生時代中期後半）以後の発展は目覚ましいものがある。王墓は継続しないが、社会全体の技術、村落の発達は継続していたと見るべきであろう。

伊都国王墓と王族墓

三雲南小路遺跡は一号甕棺が、江戸時代文政五年（一八二二）に偶然発見されて、後にそれを実地調査した青柳種信の記録によると、甕棺墓から三五面の鏡が璧を挟んだ状態で発見されたことになっている。そのほかにも銅剣一口、銅戈一口、ガラス製勾玉、ガラス製管玉、金銅製四葉座《しようざ》金具など豊富な副葬品を出土した。金銅製四葉座金具は、本来木棺に打ちつけられる装飾品として使用されるものであるが、三雲南小路遺跡甕棺には、中国からの貴重な贈り物として副葬されている。

また一号甕棺に隣接して昭和四九年（一九七四）の調査で発見された二号甕棺からは、銅鏡（前漢鏡）二二面以上、ガラス垂飾（瑠璃璧の破片の再利用品か）等が発見され、一号甕棺被葬者といかなる関係の人物かが注目された。その後の調査で二つの甕棺は、周囲を東西三二メートル、南北約三一メートルの溝で囲まれた「方形周溝墓で、甕棺を二基を添える様にして設置した墓」とされる。その内側には墓がなく、二つの甕棺は、特別な存在となっている【図43】。現状では同時期の三雲南小路遺跡周辺では王に次ぐ地位の集団墓の存在はわかっていない。

井原鑓溝遺跡は、天明年間に偶然発掘されたもので、青柳種信の記録では甕棺から二一面の鏡が出土している。残された拓本からそれらの鏡は王莽《おうもう》の新時代から後漢初頭に製作された方格規矩四神鏡であることがわかった。その他に巴形銅器や、三雲遺跡にはなかった鉄製品の刀・剣が発見されていて、逆に青銅器が発見された記録がない。

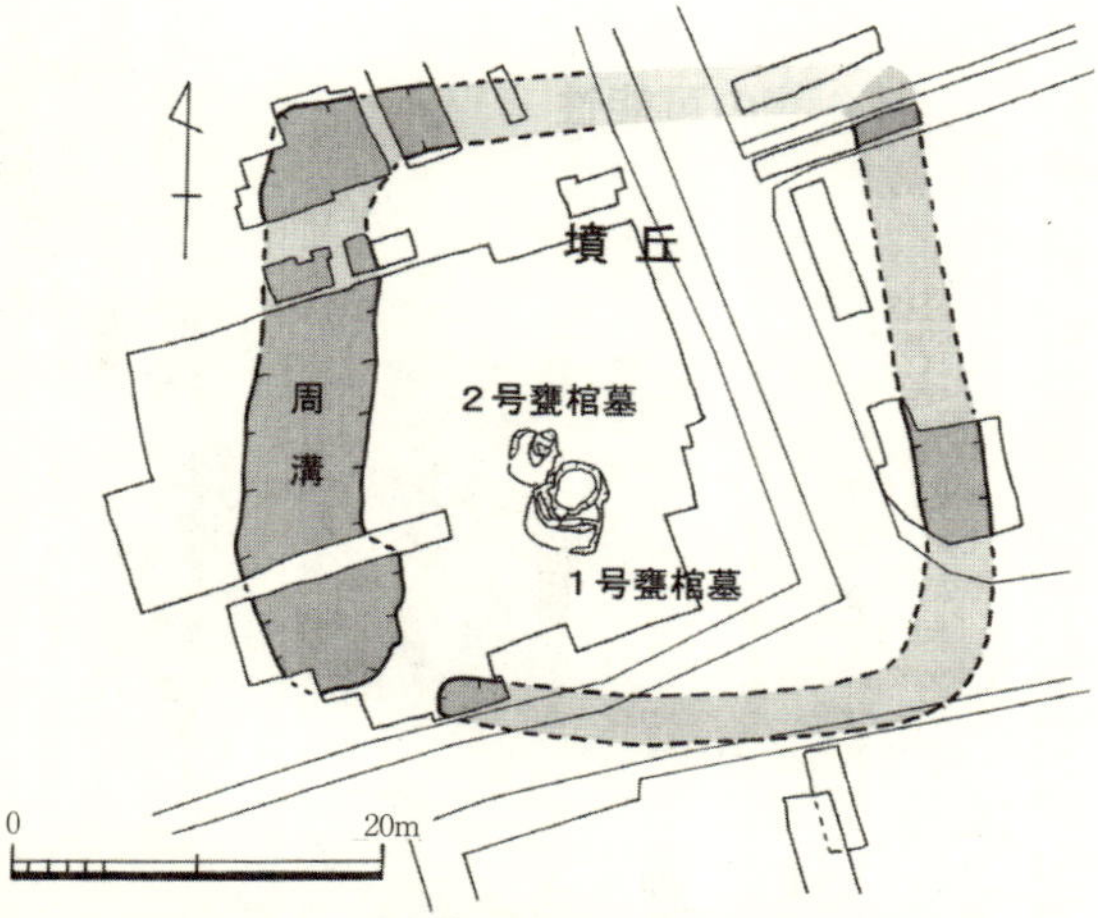

図43　三雲南小路遺跡王墓と周囲の溝（註11より）

井原鑓溝遺跡王墓の位置は確定できていないが、推定地は絞り込まれている。その近くで近年発見された木棺墓・甕棺墓群は、空間的にもその副葬品の内容でも王墓と集団墓の中間的な位置にある【図44】。王墓推定地の東側にあるこの井原鑓溝遺跡は、弥生時代後期初頭から前半にかけての二〇基以上の木棺墓のうち五二パーセント、四〇基以上の甕棺墓のうち一三パーセントに中国製鏡六枚、ガラス玉一万個以上などの副葬品が収められ、北部九州の集団墓の中では異常な高率で副葬品を有していることがわかった。これは先に述べた王族墓である。下西地区の調査では、首長の居宅とされる五〇メートル程度の方形区画溝も発見され、伊都国指導者層の体制も考古学的に徐々にわかってきている。

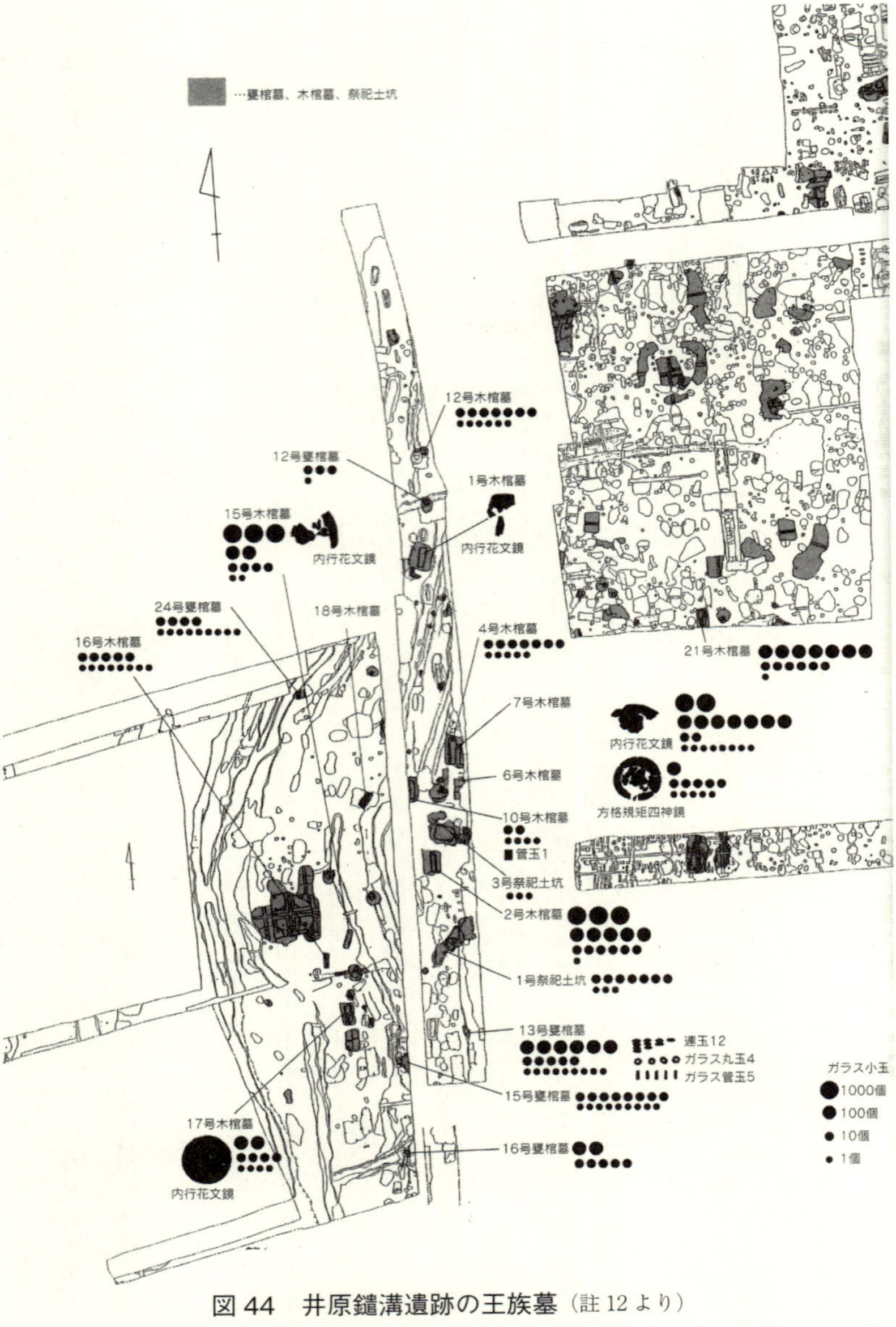

図 44　井原鑓溝遺跡の王族墓（註 12 より）

平原遺跡は、伊都国王の系譜を考える上で重要であるが、三雲遺跡王墓や井原鑓溝遺跡王墓とは性格に違いがあるので後述することにする。

継続しない王墓

多くの概説書では、須玖岡本遺跡や三雲南小路遺跡、井原鑓溝遺跡のような厚葬墓の出現を、弥生時代階層社会が発展していく一過程というとらえ方をしている。そのため、それが一時的な現象であって、そこに確立された「王権」を認めるべきではないという考えは、突飛なように思われるかもしれない。しかし、田中琢は、「そもそも実際に『国』はあったのか。『王』はいたのか」という疑問を持ち、須玖岡本遺跡や三雲遺跡、井原鑓溝遺跡のような厚葬墓の前後に連続する王墓がないということから「臨時に発生した事態であり、かれの社会的役割は弥生社会に継続して存在することを保証されている種類のものではなかった」とした。そしてこれらを「王墓」と呼ぶことに疑問を持ち、田中は、これら厚葬墓の主を「王」とは認めず、そして「『王』はいなかった」とした。さらに、それが支配する「『国』はなかった」ともしている。(註13)

残念ながらこの考えを深める研究は続かなかった。「王」や「国」をどのようにとらえるかという点においてはいろいろな考え方があろうが、須玖岡本遺跡や三雲南小路遺跡、井原鑓溝遺跡などの「王墓」が、そのまま単純に右肩上がりの北部九州弥生社会発展の過程にあるのではなく、「臨時に発生した事態」と考えるこの田中の考え方を私は支持したい。

第四節　血縁による階層とそれを超越した権力

『魏志』倭人伝に書かれた階層

弥生時代中期後半段階までは、吉野ヶ里遺跡墳丘墓に代表されるように北部九州の集団の指導は、傑出したリーダーが行うのではなく、選ばれた人々による集団の指導体制だった。しかし、弥生時代中期後半から後期の初めにかけて、今見てきたとおり、伊都国や奴国では、「王墓」が作られ、集団指導体制から一歩踏み出して一人の傑出したリーダーが集団を率いる体制ができた。

これが、伊都国や奴国だけでなく各地で、弥生時代後期後半の邪馬台国時代に入ると、『魏志』倭人伝の文章にも反映される、新たな権力者の存在を生みだした。

『魏志』倭人伝の次の文章の中にそうした血縁を超えた権力の存在があることが読み取れる。

1、倭の地は温暖にして、冬・夏生菜を食す。皆徒跣なり。屋室有り。父母兄弟の臥息処を異にす。

倭の土地は温暖で、冬夏にかかわらず生野菜を食べ、誰もがはだしである。ちゃんとした家に住み、父母兄弟で寝間や居間を異にしている。

2、その俗、国の大人は皆四、五婦、下戸もあるいは二、三婦。婦人淫せず、妬忌せず、盗窃せず、諍訟少なし。其の法を犯すや、軽き者は其の妻子を没し、重き者は其の門戸及び宗族を滅す。尊卑各々差序有り、相臣服するに足る。

風習として、国々の大人たちは四、五人の妻を持ち、下戸でも二、三人の妻を持つ者がいる。婦人たちは身もちがしっかりとし、嫉妬することもない。盗みをせず、訴訟ざたは少ない。法を犯す者がいると、軽い場合にはその妻子を没収し、重い場合には一門全体が根絶やしにされる。宗族間の関係や尊卑については、それぞれ序列があって、上の者のいいつけはよく守られる。

1の文章からわかることは、まず社会を構成する最小単位である「父母兄弟」があることである。

さらに2の文章を見ると、「其の法を犯すや、軽き者は其の妻子を没し、」とあって、「其の妻子」が1の文章にある「父母兄弟」という単位と同じものであることはほぼ間違いない。これは、現在に通じる「親―子」関係、あるいは「夫婦―子供」関係といった血縁でももっとも身近で、社会の基礎になる最小単位である。

当時の家族制度の中で「父母兄弟」の最初に書かれる「父」が、家の主人で「家長」というべき存在になっていたことはほぼ間違いない。

次に「重き者は其の門戸及び宗族を滅す。」と書かれている。そうすると、家族のもう一つ上の段階には、基礎的な家族を血縁で束ねる門戸という存在があり、そこにはそれを束ねる「門戸長」がいることになる。「門戸」は最初の基礎単位である「父母兄弟」と血縁関係がある別の「父母兄弟」を含めた関係者、例えば現在の呼び方で言えば、伯父とか伯母とか大伯父、大伯母のようなものを含めた一族の呼び名であろう。その中でも本家血筋の者が多いと思うが、慣習的に代表者になったものが「門戸長」になる。そしてその「門戸」を束ねる、さらにもう一つ上に「宗族」がある。遠い血族縁者を含めた集団である。

宗の字は、「宀」(ウ冠)が家を表し、「示」が祭壇を表し、その組み合わせにより、共通の祖先を祭る家という意味である。『大漢和辞典』によると、宗は①たまや、祖先の廟屋、②位牌、③社、④祭りの主体、⑤まつりなどの意味を持ち、族は①みうち、みより、②家筋、③やから、④罰を一族に及ぼす極刑などの意味があるとされる。また宗族には、①父の一族、②一族の注がつく。

族は、方に人で旗印を示し、それと矢《や》を合わせて同じ血筋や身分の者としている。この集団を縛るものは、稲作農耕が始まって以来、毎年の年中行事である先祖供養や農耕儀礼などを通して培われた同族意識である。

宗族にはやはり慣習的に代表者となる「宗族長」がいることになる。

『魏志』倭人伝の文章からは、邪馬台国が描かれている社会には、あくまでも血縁関係による集団のまとまり、家族―門戸―宗族という単位があり、それぞれにリーダーがいたことが知られる。そして、それぞれ家族―門戸―宗族のリーダーたちの間には階層があり、そして同じ単位、例えば同じ宗族長の中でも、門戸・血筋といった伝統的な要素や経済力・戦闘力などの要素がそれぞれ絡みあった中で権限に差が出て、それが階層として現れているのである。

行間に表われた権力の存在

ところでこの文章に直接書かれていないのだが、もう一つ上位にきわめて重要な存在がある。それは2の文章に「門戸及び宗族を滅す」とあるように、門戸や宗族を滅すほどの権力を持った存在である。それは、当然、門戸及び宗族を超えた権力者であることは間違いがない。

こうしてみると、邪馬台国時代の社会は、家族―門戸―宗族―それらを束ねる権力という構造になることがわかる。

山尾幸久は、この門戸及び宗族を超えた権力者を『魏志』倭人伝に挙げられる三〇の「国」の首長であり、「具体的には『経済外強制』の一つである裁判権および刑罰権を把持する地域的な政治宗教集団の首長」と述べている。(註14) このいちばん上に立つ権力者は、『魏志』倭人伝の身分にある「大人」の中の「大人」がこの「それらを束ねる権力」集団であったと考える研究者も多い。

西南戦争（明治一〇年〈一八七七〉）直前の明治九年調査では、当時の支配階級だった士族が全人口のうちに占める割合は、五・五パーセントであった。それに比べれば、農業の余剰生産がもっと少ない弥生時代には、ほとんどが「下戸」あるいは奴婢であったので、指導者層の人口比率はもっと低く、「大人」の中の「大人」と呼ばれた人などは、クニにおいても少人数だっただろう。

壱岐原《はる》の辻《つじ》遺跡で一つの権《けん》が発見されている【図45】。権は棹ばかりの錘《おもり》のことで、これによって物の重さを測る基準となることから、それを持つ者、決める者が発言権を有することになる。この権

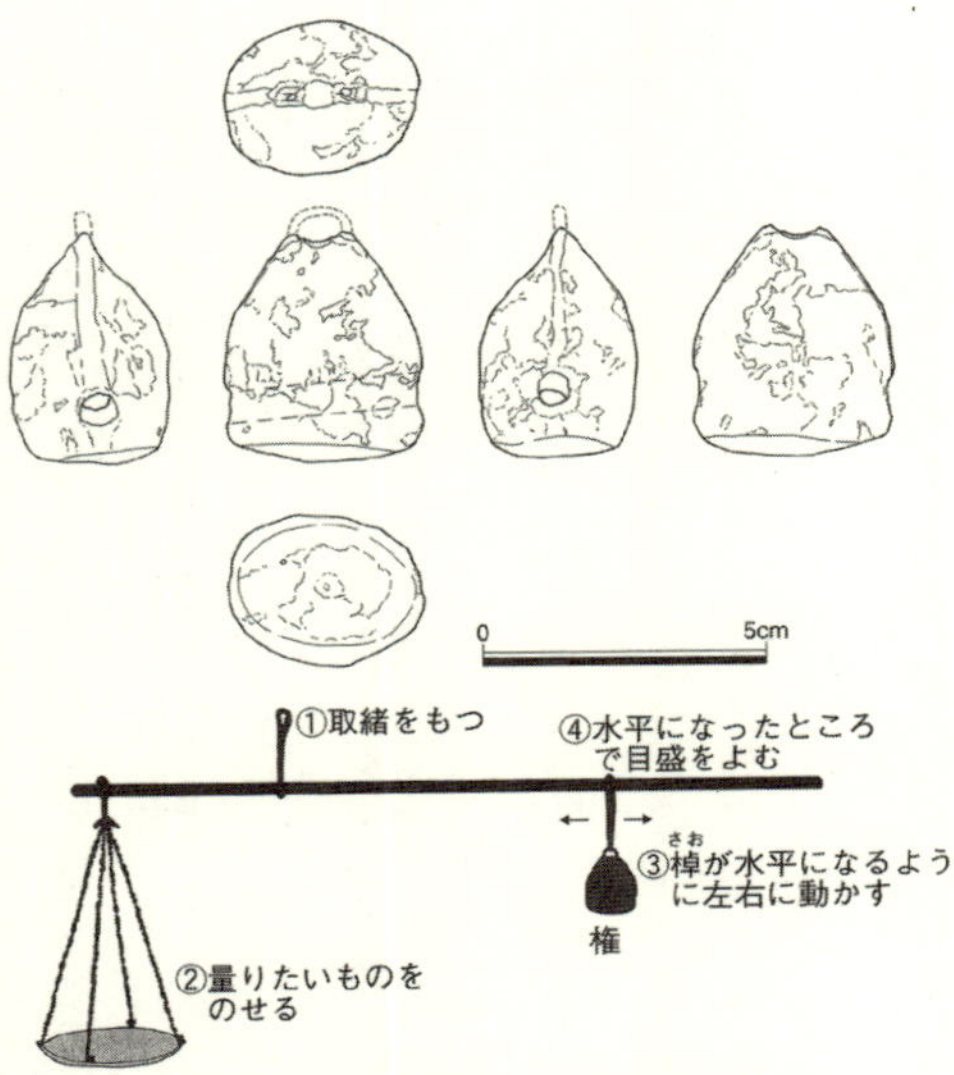
0
5cm
①取緒をもつ
④水平になったところで目盛をよむ
③棹《さお》が水平になるように左右に動かす
権
②量りたいものをのせる

図 45　原の辻遺跡出土権（註 15 より）

この権は青銅製で高さ 4.3cm、幅 3.4cm、重さが現状で 150g あり、それほど重量のあるものを測定するためのものではなかったと想像される。弥生時代後期の包含層から発見された。

から、その力を持つことの「権力」、その威力を示すことの「権威」、その影響力を及ぼす範囲の「権限」などという言葉ができた。したがって、この権が原の辻遺跡から出土したということは、そこに交易に重要な重さの基準を司る権限を持った者がいて、そこで権威をふるっていたということになる。

　中国銭貨やこの権が出土した原の辻遺跡が、朝鮮半島と日本列島を結ぶ交流拠点であったと考える宮崎貴夫は、そこに出入国者や貨物の市と交易を監督する、『魏志』倭人伝に記載されるような大倭のような管理者がいたと推測するが、[註16] これが一支国の副官に出てくる「卑奴母離《ひなもり》」であったかも知れない。弥生時代に権力が生まれるのは、普通は農業を基盤とする食料生産の場であるが、対馬国、一支国、末盧国、伊都国、奴国といった中国や朝鮮半島につながる日本海に面した国では、農業生産だけでなく、交易による商業取引の権益を持ちその恩恵にあずかっていた可能性を示している。このことが、伊都国、奴国において中国の先進性を志向して、一時的に「王墓」ができるきっかけになったのかもしれない。

邪馬台国の社会規範

権力を行使するためには、約束事が必要である。約束事を守らないことに対して、権力を行使して従わせ、守らなければ罰則を与えるのである。

その約束事とはどのようなものであろうか。邪馬台国時代のように、約束事が成文化されていない段階でも、「慣習」程度の約束事はあっただろう。「慣習」というと、拘束力に欠けるような気がするが、その社会において「慣習」は重要な社会規範であることもある。

法学者は慣習について次のように答える。

「伝統的な規範が、無自覚な状態のままに比較的に良く守られている場合、それを名づけて「慣習」という。すなわち、古代・未開の社会生活は、宗教と深く結び付いた慣習によって秩序づけられていた。いいかえると、そこではまだ、法とか道徳とかいうような規範が、はっきりとした形を備えて分化するにはいたっていなかった。」

そして慣習からもう一つ進んだ段階の規範に到る過程で「道徳」を重視する。

「社会の規模が拡大し、人間の欲望が分化し、個人意識が高まり、経済生活が複雑になるにつれて、（中略）慣習のような無自覚な規範ではなく、はっきりした規範意識がなくては励行できないような社会生活の準則を確立することが必要になる。そこで、まず、「道徳」が慣習から分化する。」

『魏志』倭人伝の中には、先の文章に

…諍訟少なし。其の法を犯すや…

…訴訟ざたは少ない。法を犯す者がいると…

とある。争い事は少ないものの訴訟という方法があるということ、約束事を「法」という言葉で書いていること、これだけを見ると、法や道徳がはっきりとした形を備えていたように見える。

「それでもなお、慣習を破り、道徳を無視して、他人に危害を加えたり、他人のものを奪ったりする者がある。これに対しては、最初は被害者が直接に実力で報復を加えることが認められていたが、やがてそのような制裁は、社会団体の中心権力によって統一的に行われるようになった。かくて、「法」が慣習からも道徳からも分化して来たのである。」

「法が道徳と違うところは、権力を背景とし、強制を伴って行われる規範であるという点である。(註17)」

権力を背景にして強制することができるのが、『魏志』倭人伝に描かれている門戸や宗族を滅すほどの権力を持った存在である。その存在が認められるから、約束事は、社会の慣習以上のもので、裁判規範になっていたことになる。

さらに『魏志』倭人伝には、「訴訟少なし」と書いているが、これは裏返せば「訴訟」という紛争解決の手段があったということになる。

しかしここでも、これを書いたのが魏使であるという点は考慮しなければならないだろう。当時の中国でも訴訟する権利を持つ階層は限られていた。邪馬台国時代の倭でも「すべての人が平等に訴訟する権利を持つ」という社会ではなかった。訴訟という手段があったとしてもそれを行使できるのは、大人など一部の人間であったことは間違いない。

『魏志』倭人伝のとおりに、邪馬台国における社会規範が、法的拘束力を持つまで至っていたのだろうか。私は否定的である。その理由は、社会規範を統一してそれをみんなに知らせ、従わせる、という手段がまだなかったと考えるからである。

「法」となれば、あいまいさをぬぐうために、それを守らせる側は広く知らせておく必要がある。そこには文字が必要である。邪馬台国時代に文字があったのか、あったとしてどの程度普及していたのか。現在、相次いで当時の硯《すずり》とされるものが報告されている。硯は墨で字を書く際には、絶対に必要とはいえないが、便利な道具である。朝鮮半島慶尚南道昌原茶戸里《タホリ》遺跡では筆の現物が発見されていて、このような筆が発見されれば文字を知っていた人がいた可能性は高くなる。

邪馬台国時代に中国からもたらされた鏡に鋳出された銘文を見たり、使者として楽浪郡や中国に出向いたりして文字を見たことがある倭人がいたのは間違いない。しかし、その文字に基づいてみんなが守らなければならない約束事を書いたり、それを見て約束事を理解できる人はいなかったであろう。「周りのみんながしていることだから」という慣習や「こういうことはしてはいけない」と教わった道徳があった程度ではなかったのだろうか。

社会全体を『魏志』倭人伝に書かれた中国的な感覚で見ると、邪馬台国をやや進んだ文化・文明を持つ国として見てしまう危険性があることに注意しておく必要がある。

第五節　役人・役職と階層

官職名と個人名

『魏志』倭人伝には、人を示す名前が多数出てくる。これらを整理すると複数の国で共通し通用した役職名と思われるものと個人名ではないかと思われるもの、どちらか判断がつかないものとがある。

倭人として実名の可能性のあるいちばん古いものは、

安帝の永初元年、倭国王帥升等、生口百六十人を献じ、請見を願う。

の永初元年（一〇七）に朝貢した「帥升《すいしょう》」であろう。それに先立つ建武中元二年（五七）では、

建武中元二年、倭奴国、奉貢朝賀す。使人自ら大夫と称す。

とある。使者の情報は「倭奴国」でとどまり、自分を「大夫《たいふ》」と言っていると書かれている。大夫は当時の中国では、小国の領主的な意味で用いられている。倭人が自らを「大夫」と名乗ったとなっているが、実際は倭人が自分のそういう社会的地位を自ら語ったので、『前漢書』地理志にはそれに相当する身分の「大夫」と書き留めたのではないかと思われる。

中国の書物では、「大夫」だけでなく「官」や「次」のように、邪馬台国時代の倭の人々の立場を

官僚組織になぞらえている。「王」もそうである。果たして、そのようにしっかりした官僚的身分社会ができていたのであろうか。私はできていないと思っている。

藤間は、親族共同体の首長が、対馬国は卑狗《ひく》、一支国は卑狗、伊都国は爾支《にき》、不弥国は多模《たも》というようになったと書いている。(註18)私もその程度の血縁関係に基づく緩やかな支配だと考える。魏使が文字にして表現するほど、定型化した社会はできていたわけではないというのが実態であろうと思う。

しかし『魏志』倭人伝には、邪馬台国にその組織を支える役（職）組織のようなものがあったことが記されている。『魏志』倭人伝には、邪馬台国の項に

官に伊支馬有り、次を彌馬升と曰い、次を彌馬獲支と曰い、次を奴佳鞮と曰う。

長官には伊支馬《いきま》がおり、その下に弥馬升《みましょう》、その下に弥馬獲支《みまかき》、その下に奴佳鞮《なかて》と呼ばれる官が置かれ、…

とある。この役職は邪馬台国のところだけではなく、投馬国には

官を彌彌《みみ》と曰い、副を彌彌那利《みみなり》と曰う。

とあったり、対馬国から不弥国までそれぞれの長官と次官の名が書かれている。

こうした役職の前にまずいちばん重要である「王」を書くはずであるが、邪馬台国以外の国々では、それはどこにもない。王として出てくるのは、伊都国と邪馬台国（倭）と狗奴国だけである。そして邪馬台国（倭）も狗奴国も王は実名が記されている。『魏志』倭人伝に書かれているそれぞれの国には、首長がいたが、その首長を魏使が「王」という目で見たか見なかったかの違いであって、魏

使には、滞在して直接目にした伊都国と邪馬台国連合の盟主とそれに敵対する狗奴国のみが、「王」と映り、それ以外は邪馬台国に仕える「官」（長官）と映ったのであろう。

一大率《いちだいそつ》

役職の中で異色な存在が一大率である。

女王國より以北には、特に一大率を置き、諸國を検察せしむ。諸國これを畏憚す。常に伊都國に治す。國中に於いて刺史の如き有り。

女王国より北の地域には、特別に一大率の官が置かれて、国々を監視し、国々はそれを畏れている。一大率はいつも伊都国にその役所を置き、国々の間でちょうど中国の刺史のような権威を持っている。

一大率は、「女王國より以北」に置かれ、その「女王國より以北」の「諸國」がその検察を受けているのであるから、少なくとも女王国をすなわち邪馬台国（あるいは邪馬台国連合）と考えれば、邪馬台国はその検察を受ける立場ではないことがわかる。そうするとこの一大率を派遣した者の有力な候補に女王国＝邪馬台国（あるいは邪馬台国連合）が挙げられることになる。そして、一大率が常にいた伊都国を含めた「女王國より以北」の「諸國」よりも南側に邪馬台国があったことになる。当時の方位の表記方法が東を南と認識していたという考えや、当時の日本列島の地理的方位が後の地図に示されているように南に延びていたという説はここではいったん置いておくが、この方位と方向は、クニからクニへ向かう方向によって書かれていて、『魏志』倭人伝の方位・方向に関する記述は誤りではないということは、前著作でも述べているので参考にしていただければと思う。

江戸時代の学者伴信友は、『魏志』倭人伝の「刺史の如き有り」がかかるのは、一大率ではなくこの文章の前にある伊都国だというが、一般的には「刺史の如き有り」は一大率を指しているとみる方が妥当であり、ここではその考えに沿って見ていきたい。

東洋史学者西嶋定生は、一大率が中国の「刺史《しし》」に似ているというところに着目した。刺史は、前漢武帝の元封《げんぽう》五年（紀元前一〇六）に設置された制度である。

「刺史」は、岩波文庫の『新訂魏志倭人伝・後漢書倭伝・宋書倭国伝』注では「郡国を刺挙し、その政績を奏報する官」と説明されている。これに対し西嶋は、そういう解釈ではなく、当時の地方行政制度の中で、刺史について「刺史の多くは軍兵を擁して軍府を置き、州内の軍事権を掌握して、ある場合にはその上級機関である都督をも兼領していた」として、その権限がより大きかったととらえた。したがって、『魏志』倭人伝に「刺史のようだ」と表現された倭国の一大率も、当時の中国における刺史と同じように、諸国を検察するのみではなく、諸国の行政権にも介入し、おそらくは軍事権をも領掌していたのではないかと想定した。このような解釈でみると、一大率を派遣した国と一大率の政治的権限が及んだ諸国との関係は、これまでの理解以上に、かなり強力なものであったということになる。西嶋の説に従えば、邪馬台国と諸国の首長連合の緩やかな提携によって倭国が構成されているというような考え方は再考しなければならなくなる。

一大率の権限は、従来の岩波文庫の解説する「郡国を刺挙し、その政績を奏報する」程度の権限だったのか、あるいは西嶋の言うような「軍兵を擁して軍府を置き、州内の軍事権を掌握し」、「その上級機関である都督をも兼領していた」ようにもっと大きなものであったのか、それは、一大率を派遣した主体がいったい誰かということによっても違ってくる。この派遣主体が誰かという問題は、邪馬台国が北部九州にあったのか、それとも近畿にあったのかという問題とも絡んでくる。

従来の解釈のような一大率であれば、伊都国を含む女王国より北の国々との間には、その国々を治める首長がいて、それとは別に一大率がいるという権力の二重支配構造があったことになる。

一大率の権限をより強いものとした西嶋定生も、その当時の体制について次のように述べた。少し長くなるが引用しておく。

「倭王の王権は従来の諸見解にも増してかなり強力なものであったと考えなければならない。しかしそれにもかかわらず、倭王の住む邪馬台国には諸国を管理する官があったことも明らかでなく、またその倭王も呪術的能力によって諸国に共立されたものであって、即位した後も王として親政する支配者でなかったことも事実である。とすればこの時代の倭王の王権は諸国に対してかなり専制的支配力をもつものであったとともに、また諸国によって共立されたという連合体制を基盤とするものでもあったといえよう。このような一見あい矛盾する性格をもつ国家をなお首長連合と呼ぶか、それとも初期専制国家と呼ぶのか、いずれにせよ従来の一面的把握では説明し難いのではあるまいか。(註19)」

このように、一大率に大きな権限を認めようとする西嶋でさえ、古墳時代に繋がる専制体制と呼ぶことに躊躇している。因みに西嶋は、邪馬台国九州説である。

二重支配構造が受け入れられるためには、女王国より北の国々と一大率を派遣した主体との間には、緩やかな連携しかないと思われる。そうすると、一大率を派遣した主体は、強力な権限を持つような国ではなく、国々の自立を認めざるを得ない体制でしかなかったことになる。こうしたあり方に適しているのは、何度も述べているが、特別に抜きんでた国があるわけではない、弥生時代の終わりの北部九州の状況であったと思われる。

『魏志』倭人伝に書かれたクニの説明で、特に目を引くのが伊都国に対する詳細な説明である。これは、榎一雄の放射説に繋がるのだが、中国の使者が伊都国を拠点に倭を見て、記憶に書き留めたからであろう。

榎は、一大率の役割について、左の記事にある倭王が送る物品・文書などを管理することはもちろん、魏使に倭の情報を伝えるのもすべて一大率の職務であったと考えた。そのために一大率は、伊都国にとどまり、その先に足を延ばさなかったと解釈した。

王、使を遣わして京都・帯方郡・諸韓國に詣り、及び郡の倭國に使するや、皆津に臨みて捜露し、文書・賜遺の物を傳送して女王に詣らしめ、差錯するを得ず。

倭王が京都や帯方郡や韓の国々へ使者をおくる場合、あるいは逆に帯方郡からの使者が倭に遣わされるときにはいつも港で荷物を広げて数目を調べ、送られる文書や賜わり物が、女王のもとにもたらされる賜わり物に、まちがいがないように点検をする。

一方で、一大率の派遣者が、伊都国をも含めた外交権を掌握するために派遣されたヤマト政権だと考える研究者も多い。後の律令体制下における大宰府をイメージするものであるが、はっきりと大宰府の前身とする飛躍した意見もある。これに対しては、「大率の呼称・機能が後世の大宰府・大宰帥に相似する点に依拠して、大率を大宰府の起源に擬定する諸説があるけれども、大率と大宰府の関係が文献史料にもとづきただちに確認できるわけではない」(註20)とする意見に賛成である。

ここで考古学からの発言を見てみよう。藤尾慎一郎は次のように述べている。

「一大率は、朝鮮半島東南部から到着した稀少物資を間違いなく列島規模の流通機構にのせ、各地の首長たちに鉄素材や威信財などを公平に行き渡らせることを目的に置かれたものである。(註21)」

その伊都国では、近年の調査によって交易に関わったと考えられる遺跡の様子がわかってきた。藤尾もそうした遺跡が伊都国の港湾であってここに一大率の権限が及んだとしている。

岡部裕俊は、遺跡と出土品の性格が、在地系の物が多く出土する地域と舶来系の物が多く出土する地域に分かれることから、『魏志』倭人伝に示される伊都国王有ゾーンと一大率ゾーンを設定した。(註22)王有ゾーンには、第三節の伊都国王墓のところでも見てきたような、伊都国内部の政権を維持するべく「世々王」が主体的に支配する三雲・井原遺跡群などがあり、一方、一大率ゾーンには志登《しと》遺跡群や御床松原《みとこまつばら》遺跡など加布里《かふり》湾沿岸部で漢式土器や楽浪土器、貨泉などの大陸からの遺物を出土する交易ゾーンがあるとした。もちろん実態としてはもう少し複雑であろうが、このように港湾集落（図46

の漁労集落に当たる）と農耕集落、それに核となる集落というように、集落の性格づけがある程度明瞭にできるところが、伊都国の遺跡の特徴である【図46】。

こうした考古学的な事象が、『魏志』倭人伝に書かれた「世々王有」と「一大率」の両方の権力を反映しているのであれば、そこに伊都国しか見ることのできない特殊性を見ることができる。

元に戻るが「一大率」は誰によって派遣され、誰に属していたのであろうか。

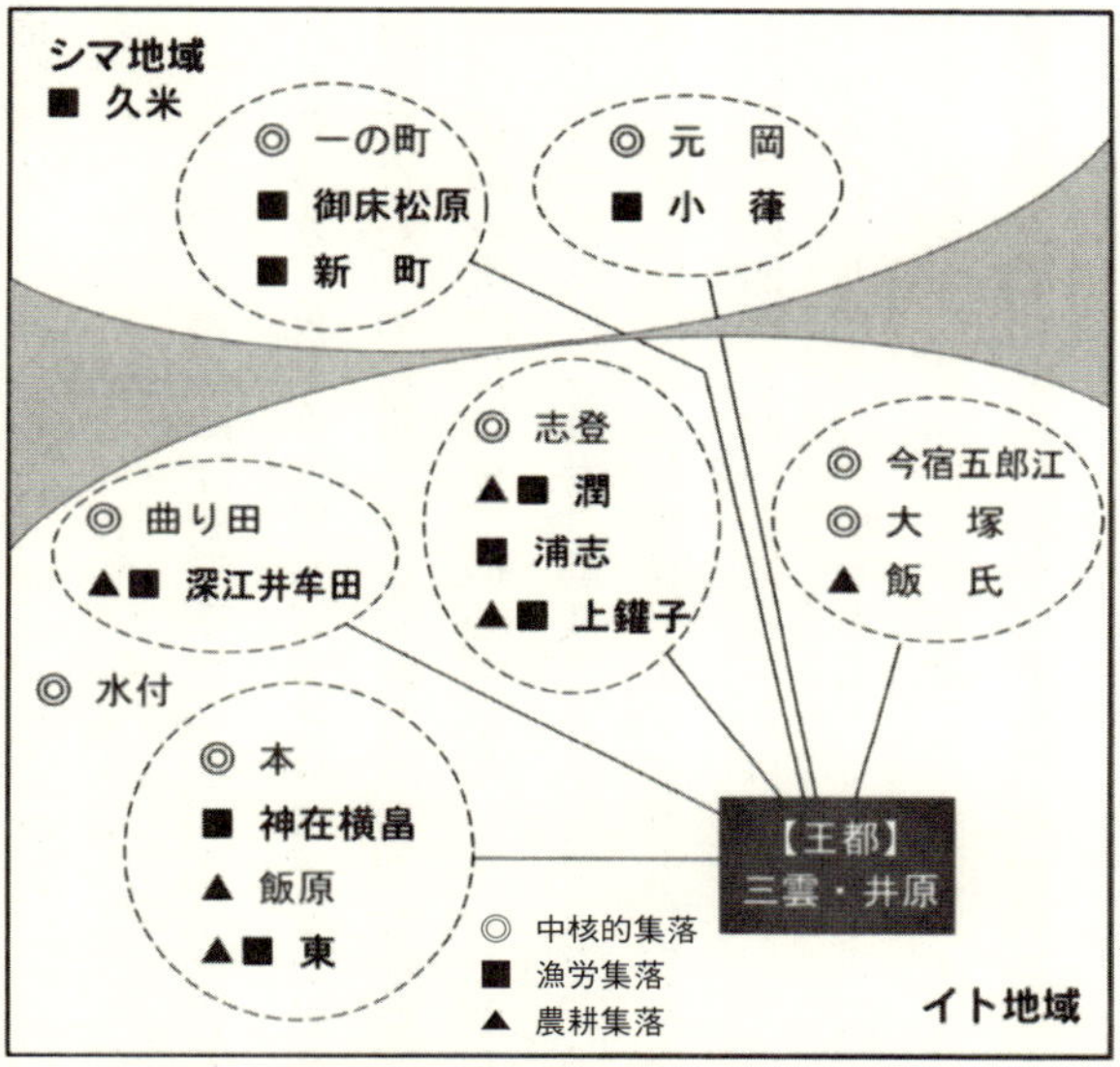

図46　伊都国の集落構造モデル（註23より）

遺跡の分析を行った岡部は、一大率ゾーンは、後に古墳時代初期にも古墳群が集中していることから、一大率は、その古墳の築造を承認する勢力、すなわち近畿ヤマト王権から派遣されたものと考えた。この岡部の考えにしたがえば、邪馬台国時代には伊都国はすでにヤマト王権の影響下に入っていたことになる。

松本清張は、一大国が一支国の誤りであるならば、一大率は一支率の誤りであって、一支率は、邪馬台国が派遣した監督官ではなく、帯方郡の派遣した監督官だとする。字の誤りではなくても古くから一大率を帯方郡の役人とする考えはあった。近年でも一大率を伊都国の交易を管理するために、派遣された官吏と見る説がある。

しかし、一大率には中国で言うところの「刺史の如き有り」という権限がどれほど付与されていたのだろうか。邪馬台国時代に伊都国で営まれた集落の性格にその存在が反映するほどの大きな権限を認めて良いものだろうか。しかもその地で前期古墳が多数発見されている現象から見て、その権限がその後の古墳時代にまで継続するということがあるのだろうか。

糸島半島という地勢学的要素を重視すると、そこに朝鮮半島との交易に適した海浜の港湾集落が発達する特異な在り方も理解できる。当然、その交易を管理するものもいたであろう。それに一大率がどのように関与したのか知ることは難しい。

邪馬台国九州説の立場をとると、一大率は女王国より北の地域に置かれたものであるから、この一大率の検察する範囲に女王国は入っておらず、そうすると一大率は女王国＝邪馬台国が派遣した監督官ということになるだろう。結局、一大率はどこが派遣して、どの程度の権限を持った役職ととらえるのかによって、邪馬台国九州説と近畿説それぞれの解釈が変わるのである。

卑奴母離

一大率と並んで、研究史上大いに取り上げられてきたものが、「卑奴母離《ひなもり》」である。「卑奴母離」は、国の官職名として、いちばん多く出てくる。対馬国の卑奴母離は卑狗《ひこ》という長官に続く次官である。一支国の卑奴母離も卑狗という長官に次ぐ次官である。奴国の卑奴母離も兕馬觚《しまこ》という長官に続く次官である。不弥国の卑奴母離も多模《たも》という長官に続く次官である。長官の方は、その名称がまちまちであるのに対して、次官は（副官）は「卑奴母離」という名称で皆同じである。

『魏志』倭人伝の対馬国から不弥国に至る五カ国中、四カ国に卑奴母離が置かれている。文献史学では、律令体制に下って辺境を守る「ヒナモリ」とまったく同じ音であるので、それを根拠に、卑奴母離は邪馬台国もしくは倭国から派遣されて、主に防衛を司る役割を担っていたのではないかという論が出てくる。

この考え方に従うと、各国にいる卑狗とか爾支《にき》とか多模とか弥弥《みみ》とかいろいろの名で呼ばれているそれぞれ名前が違った大官を土地の伝統的な支配者である首長ととらえ、一方で、卑奴母離は邪馬台国や倭国から派遣された防衛軍事顧問と見ることになる。つまり、邪馬台国なり倭国の統制力は、その国において伝統的な在地勢力である大官と派遣官僚的な卑奴母離という副官の二重支配構造になっていることを想定しなければならない。

先の卑奴母離が置かれた四カ国である対馬国、一支国、奴国、不弥国は、その道程では、いずれも女王国より以北と書かれている。この範囲は一大率の記事に出てきたように一大率の影響範囲である「女王國より以北には、特に一大率を置き、諸國を検察せしむ。」とかぶってしまう。そうすると、一大率は、共に外的な任務にあたる卑奴母離を配下に置く役職かもしれない。対馬から不弥国に至る五カ国中で唯一、卑奴母離が出てこない国が、伊都国である。なぜ、そこだけ卑奴母離が出てこないのか。伊都国に一大率がいて、「刺史の如き有り」という、外交・軍事・内政、さまざまな任務を担っていて、それよりも一段格は落ちるが四カ国の諸国にも同じような職務を持つ卑奴母離がいるとすれば、伊都国だけ卑奴母離がいないということも理解できる。

　卑奴母離は派遣官ではあっても、その役割は、その土地の副官にそういう名前を与えて、軍事的な任務を自主的に果たさせるように邪馬台国あるいは倭国が指導しているだけという解釈もある。また、その国における有力者を副官としてその名称を統一したという考えもある。長官の名称は個別名称であって、卑狗、爾支、多模、弥弥となるが、もし、卑奴母離を邪馬台国あるいは倭国からの派遣者ではなく、在地の副官に与えられた名称であったとしても、直木孝次郎が解釈するようにその名称の統一の背景に、邪馬台国の統制力が辺境地帯まで及んでいて、卑奴母離の官名の統一性から見えてくることは、邪馬台国は、「それほど未熟な原始的な国ではなくて、ある程度の組織を持った国だという気がいたします。」ということになる。つまり、直木はそれだけの成熟した体制をとっているのは、近畿地方にあった邪馬台国だからできることであるということを主張しているのである。(註24)

　伊都国は爾支が大官で、副に泄謨觚《せもこ》と柄渠觚《へきこ》がいる。この副官二名の泄謨觚と柄渠觚が、役職名か個人名かはっきりしない。どうして伊都国だけそのような書き方になるのか、魏使が伊都国に止まって記録したということに関係があるのかもしれない。

大倭

「大倭」は『魏志』倭人伝中、もっとも解釈が難しくそのためいろいろな意見が出ている語句である。

租賦を収む。邸閣有り、國國市有り。有無を交易し、大倭をして之を監せしむ。

租税や賦役の徴収が行われ、その租税を収める倉庫が置かれている。国々に市場が開かれ、それぞれの地方の物産の交易が行われて、大倭が命ぜられてその監督の任にあたっている。

大倭の解釈にもいくつかのものがある。国々の指導者層である大人の中でさらにその頂点にいる首長とする考え、邪馬台国が各国の監視に任命派遣した役人とする考え、ヤマト政権のこととする考えなどがある。

橋本増吉は、「世々王有」とされた伊都国以外に王の存在が出てないので、王的な存在として大倭と呼ばれる役職があったとするが、この考えは説得力があると思う。

国の大人とする説では、那珂通世は「大倭」の「倭」がもともとは「人」と「委」であったのを誤記したのであって、「大倭をして之を監せしむ」を「大人をして之を監するをゆだねしむ」とする「大倭」＝「大人」説を主張した。また、山田孝雄《やまだよしお》のように「魏自ら主権者として大倭即大和朝廷をして倭人国すべての監督の任に当らしむ」と「大倭」をヤマト政権のことと解釈する考えもある。

邪馬台国の任命派遣役人説が一般的で、邪馬台国が邪馬台国連合のクニグニの税や収納、市の管理や交易に対して、それを監督する大倭という役人を置いていたとする解説である。この説も古くから言われている。

この「大倭」の出てくる文章の前にある「租賦を収む。邸閣あり、國國市あり。有無を交易し」に注目したのは、藤間生大である。大倭の権限が、その文章からして、直前の市と交易だけでなく、その前の「租賦を収む」と「邸閣あり」にも及ぶものとした。「租賦」は税を課すことであるが、「邸閣」も税に関係している。日野開三郎は、中国三国時代の「邸閣」の用例が食料だけでなく、商品作物や武器などを入れた軍事的倉庫という意味にも使われていることを指摘した[註25]が、藤間は「国家を運営していくのになくてはならぬ条件である徴税権（賦役権を含む）と軍事所有権の存在していることが『租賦』と『邸閣』の用語に示されており、さらに北九州沿岸諸国の情勢を反映して、市と交易の規制権まで『倭人伝』は記載している」と書いている。

藤間は、このように大倭の権限は、一国においてかなり重要なものであるが、そうした権限は、旧共同体の中から生まれてきたものと解した。しかし、権限を大きく考える上田正昭のように大倭は共同体の遺制のようなものではないとする考えもある。

私は、大倭は橋本が述べたように、「王」と書かれていない「王的な存在」であってそれは派遣官ではなく、そのクニの中から出てきた者と思う。

ここでも大倭の権限をめぐって、邪馬台国九州説と畿内説の対立が認められる。

第六節　権力の進展と邪馬台国

権力構造の進展という点から、邪馬台国九州説を水野祐は、次のように述べている。

「支配・被支配の身分階層に分かれていたことは確かで、単に身分組織の発生をみない共同体の原始的形態の段階にとどまっているものではなく、身分組織を発生せしめている、支配・被支配の関係が成立している階級社会であり、王は原始的な族長ではなく、私有財産と階級の発生を前提とする共同体の首長であり、その上に君臨する女王は政治的統一体の君主たる地位にあるものである。しかし彼女は完全なるディスポットではない。彼女は王等の共立によるルーズな聯合国家の君首であるに過ぎない。彼女が祭司としての権威によって女王としての地位についたのであるが、彼女の男弟王の政治的権力だけでは二十八ケ国を統属せしめることはできなかったことは卑弥呼の死後の内乱によって明らかである。しかもこの邪馬台国聯合国家が強大な専制国家にまで成長していなかったことは、この国の南隣に位した狗奴国と抗戦し、これを屈服せしめることができなかったこと、したがってこれが大和国家の如き強大な統一国家ではなかったことを物語るものである。第二世紀後半には列島ではまだ専制的な統一国家が出現し得る段階でなかった。(註26)」

何度も重複してしまうが、このように、水野のいう二八カ国に邪馬台国・投馬国を含めた「邪馬台国聯合国家」が、強大な権力を持ちえなかったという状況は、まさに北部九州の遺跡が示すように一つの遺跡だけがとびぬけて発展していなかったという状況に符合するのである。最初は「共立」されディスポットではない卑弥呼も、年月がたつ中で専制的な色彩を帯びてきたと考える人もいる。

直木孝次郎はこのように書いている。

「卑弥呼が立ったときは、首長の力で立てられたのですから、あまり大きな力は持っていなかったかもしれません。しかし、「鬼道を事とし、能く衆を惑わす」というかたちで、三〇年、四〇年と卑弥呼の支配が続けば、かつては共立されたにしても、だんだん卑弥呼の長年の支配による権力組織、支配組織ができてきて、『魏志』倭人伝の著者が邪馬台国についての知識を得た三世紀の半ば近いころには、卑弥呼の力は、かつてうら若い娘で擁立されたときよりは、違ってきていたのではないでしょうか。

共立されたけれども、共立という性格が半世紀のちまでずっと続いていたのではなくて、半世紀の間に、かなり専制的な性格を卑弥呼自身が持つようになった、と考えた方がよいのではないかと思います。

要するに、卑弥呼共立段階と、魏の使いが日本列島に来た段階、邪馬台国に直接来たかどうかはわかりませんが、少なくとも北九州まで来て、卑弥呼の支配についての知識を吸収した四、五〇年後の段階は区別して考えた方がよい、あとの方が卑弥呼の権力が高まってきていたに違いないというふうに考えるべきだろうと思います。この考えは井上光貞氏がいち早く出された見方です。」

共立の問題は、井上光貞が提唱した原始的民主制という共同体の遺制が強く残る中で多くのクニグニや人々が押し立てたと考える邪馬台国九州説と上田正昭、直木孝次郎らに代表されるようなヤマト王権の最初から近畿内部での諸国の共立と考えている邪馬台国近畿説の違いが表れている。

ところで古代国家がいつ始まったのか。その議論は、国家をどのようにとらえるのかという理論的な問題と遺跡の調査、文献批判などによる実証的な調査・研究とかみあわせて、現在まで諸説が出ている。その代表的なものに都出比呂志の提唱する「七・五・三論争」がある。「律令国家以前の古墳時代を初期国家と呼び、律令国家を成熟国家と呼ぼう」として、すでに三世紀の古墳時代の始まりに、巨大な前方後円墳に体現される階級社会が成立し、租税を徴収する強力な中央政権が生まれていることなどを根拠に「初期国家」の段階を三世紀に求めた。

七世紀の律令体制を国家の起源とする考えは一般的に賛同者も多いが、もう一つ五世紀を国家の始まりとする有力な考え方がある。三世紀から七世紀まで続く古墳時代を一様にとらえるのではなく、その古墳の質的な飛躍や、中国の『宋書』倭国伝に「安東代将軍・倭王武」と記された「ワカタケル」の名を刻んだ鉄剣が、熊本県江田船山《えたふなやま》古墳や埼玉県稲荷山《いなりやま》古墳から出土して、そこには「典曹人」や「杖刀人」という文字が刻まれていることから、すでに文官・武官などの官僚体制が発生しているとする研究者もいて、これらの出現する五世紀こそ国家成立の画期とする考えである。

このように、画期となる三世紀・五世紀・七世紀に国家が成立するという意見の創出を都出比呂志は「七・五・三論争」と呼んでいるのである。(註27)

その三世紀に生まれる初期国家を、邪馬台国論争と絡めて考える際に、邪馬台国がその初期国家にあたると考えるのが邪馬台国近畿説であり、それとは別のものであると考えるのが邪馬台国九州説である。

第四章　邪馬台国時代の首長権

第一節　権力の世襲に到る段階

世襲の起源

『大漢和辞典』には、世襲とは「父から子、子から孫へと、子々孫々、世を承け継ぐことをいふ。」とあり、世襲の付く用語の中に「世襲官衙《かんかん》」（世々其の官に居ること。其の官を世襲すること）、「世襲財産」（親子代々ついできた財産）とある。

世襲によって受け継がれるものには、名目的な権威と実質的な財産がある。世襲が行われるのは、そのどちらも受け継ぐだけの価値があるものが生まれてからである。縄文時代までは、受け継ぐべき財産がないので、権威の継承があったとしても、財産の継承になるものがないので、血縁関係による世襲の意味がない。氏族を形成する人々が選ぶリーダーは、その時々の長老であったり、知恵者であったり、勇者であって、必ずしもその子や孫がリーダーの地位を継承する必要性はなかったと思われる。

富を蓄積できない時代には、腹いっぱい食うためにそこにある多くの肉を食べることが喜びであった。それはその場限りのもので継続的に人よりも豊かになるという願望は持たなかった。

ところが、稲作農耕は、それを営む集団に名目的な権威だけでなく、その権威が生み出す実質的な富をもたらすことになる。そうなると、血縁関係で成り立つ氏族共同体の内部にも変化が現れる。人々の中には、富を享受するものと享受できないものが現れる。コメを蓄積でき、多くのコメを収穫して、それを金属や石の道具・武器に交換して、より多くの富を継続して持つことができるようになると、その権利を持ちたいと考える者が出てくるのは必然的な成り行きであろう。

共に労働しない人

しばしば弥生時代の人骨には、琉球列島以南にしか棲息しないゴホウラ・イモガイによって作られた南海産巻貝製腕輪が装着されたり、副葬されて出土することがある【図47】。それらを単なるアクセサリーとみるのではなく、その人物には、宗教的・司祭者的性格を見出すことができる。

貝を輪切りにして腕輪としたものは、南海産巻貝製腕輪が普及する以前に二枚貝のベンケイガイ、タマキガイ、サルボウなどの貝を輪切りにした二枚貝製腕輪や単殻類巻貝のオオツタノハ、カサガイの殻頂部周辺を環状に加工したものがある。これらの系譜と、ゴホウラを使用した巻貝製腕輪はその製作技術においても、またその装着の意義についても以前の貝製腕輪に比較して格段の技術的進歩が認められる。

南海産巻貝製腕輪の出土は北部九州に多い。そしてその装着は、男性が圧倒的に多いことがわかっている。貝の種類によって、ゴホウラは男性に、イモガイは女性に装着されることが知られている。

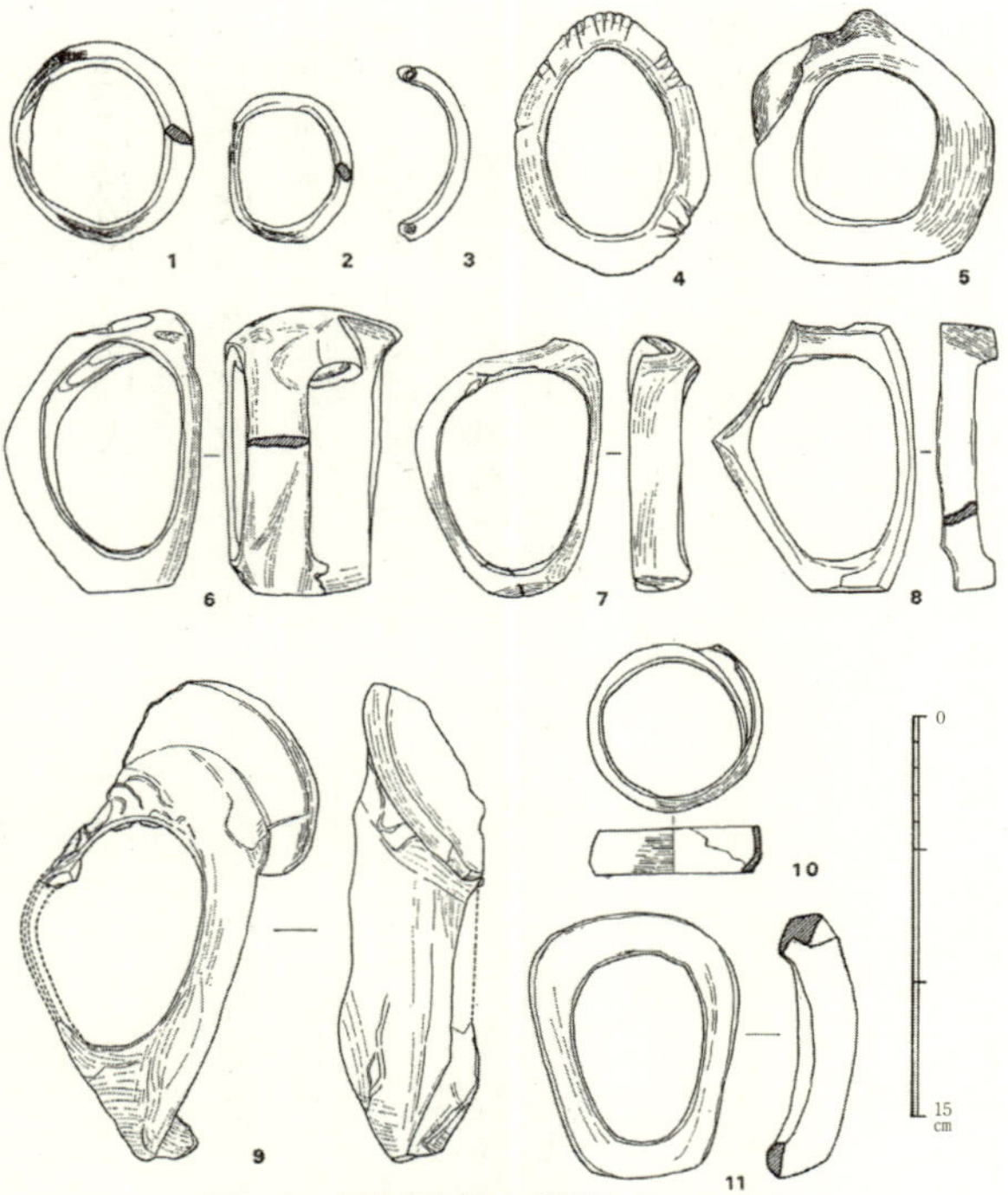

図 47　貝製腕輪の種類（註 1 より）
1〜3：根獅子　4・5：広田　6：土井ヶ浜
7：年の神　8・10：立岩　9：金隈　11：大友
（1〜3 はＡ類の２枚貝製腕輪、4・5 はＢ類の単殻類巻貝製腕輪、6〜11 はＣ類の南海産巻貝製腕輪）

出土した人骨に装着された状況を見ると、男性がゴホウラ貝製腕輪を着装した例では、圧倒的に右腕前腕に装着される例が多いという。このことに社会的な意義を見出した高倉洋彰は、「右前腕への着装はとりもなおさず右手の使用を制限し、生産活動への参加を不可能なもの」として、その目的にゴホウラ製貝輪が使用され、その結論として、南海産巻貝製腕輪（高倉はこれをC類に分類する）を「右前腕への着装は着装者の右手の使用を不能とすることに最大の意義のあることを示している」と労働しない階層があったことを考古学的に証明した。

福岡市金隈《かなくま》遺跡や伯玄社《はくげんしゃ》遺跡では、いずれも弥生時代中期前半の甕棺から出土した十歳以下の小児埋葬骨に副葬された南海産巻貝製腕輪が発掘された。これは着装しているわけではないとされている。高倉は「南海産巻貝、ことにゴホウラの入手の困難さなどの条件を考えれば偶然副葬されるようなものではない。したがって二例の小児は将来の着装を予定されていた人物と考えられる」としている。彼らは「幼児の頃に選別された特殊な人物であり、貝輪を着装したままその生涯を終える運命にある」とする。(註1) 高倉がこの重要な指摘をして以後、那珂川市安徳台遺跡【図48】など高倉説を補強する発見が続いている。

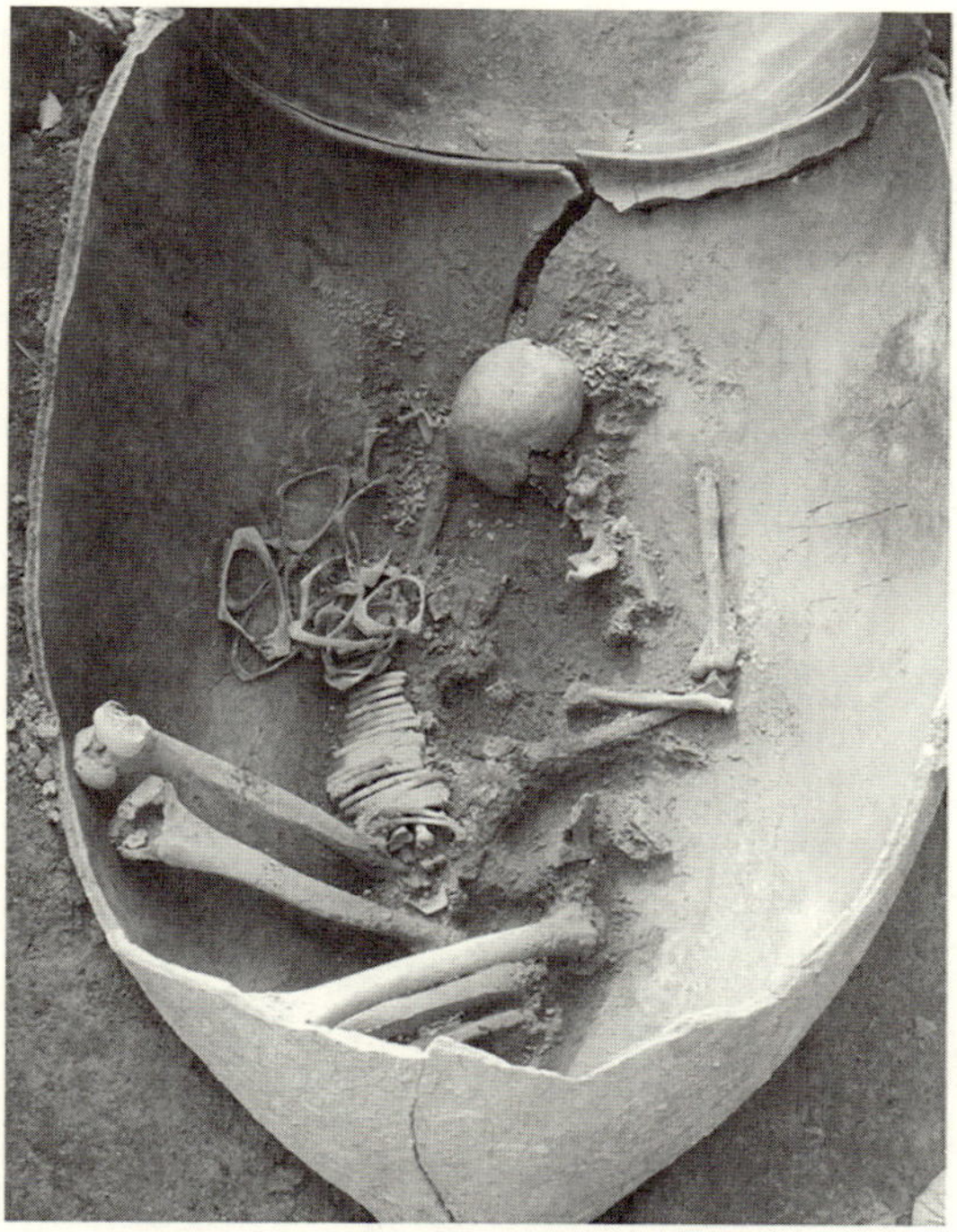

図48　那珂川市安徳台遺跡の腕輪を装着した人骨

（註2、那珂川市教育委員会提供）

農耕集落に暮らす人々は、指導者であっても、占いをする人であっても、すべての人々が農耕に携わっていたと思われがちであるが、そうした中で、集落の皆と共に労働をしない人が現れているということは、社会の階層化を考える上で、重要なことである。

このように貝輪を装着する人物が、その社会において宗教的指導者であったり、司祭者であったり、ともかくまつりごとの先頭に立つ特殊な地位にあることが想像できるのであるが、これが出現するのを考古学的に確認できるのは今のところ弥生時代前期末からである。その頃は、司祭のような宗教的指導者は貝製腕輪を着装していて、青銅器などの威信財（人に示す威厳と人から寄せられる信望を示すもの）を主に副葬している政治的指導者とは別の立場があったことが想像される。

しかし、弥生時代中期中頃になると、南海産巻貝製腕輪をした人物の墓に、青銅器などの威信財《いしんざい》も同時に副葬されるようになる。ここにおいて、弥生社会における指導者が、政治的立場と宗教的立場を共有する地位を持つことになる。

列埋葬の変化に見る氏族社会の変化

この弥生時代中期段階に、指導者が世襲だったかどうかというところまではわからない。しかし、先述のとおり小児期からすでに将来を約束された人が、氏族共同体の中に出現している状況が明らかになった。そして氏族共同体の構成員が完全に平等ではなくなっていく一つの過程を、この小児期からの副葬品保持というところに見出すことができる。

時代とともに、さらに世襲への段階が進んでいくと思われるが、それは、土壙墓・木棺墓群、甕棺墓群の埋葬方法の変化からもわかる。

北部九州では、弥生時代中期中頃までは、列埋葬という一定の規則性を持った墓の配置が見られる。土壙墓・木棺墓、甕棺墓において基本的には二列に並んで順次作られていくのである。発掘調査が進んでいくと、この二列の間には墓道があり、その両脇に墓が順次作られていくことがわかった。一見全部が繋がった列状に見える配置でも、いくつかにグループ化することができ、それを集団内の出自の違いに求めた意見もあった。(註3) しかし、出土人骨の分析からは、そうした出自の違いによるグループ化は否定された。(註4)

図49　筑紫野市永岡遺跡の列埋葬
（註5、九州歴史資料館提供）
列埋葬が注目されるきっかけにもなった遺跡。

それではどうして列埋葬のような形状の墳墓ができるのかという点が問題となった。筑紫野市永岡遺跡【図49】をはじめとする発掘調査の進展によって、列埋葬はその間を通る墓道に沿って作られていくことが明らかになった。

その一例として八《や》ツ《っ》並《なみ》金《かな》丸《まる》遺跡では、列状に埋葬された甕棺の間に道が通っていることがわかった【図50】。そしてその道を挟んで両脇に次々に墓が付け加えられる現象が見られた。このような墓の作り方だと、一つの墓の主に続いて築かれるのは、父母兄弟といった

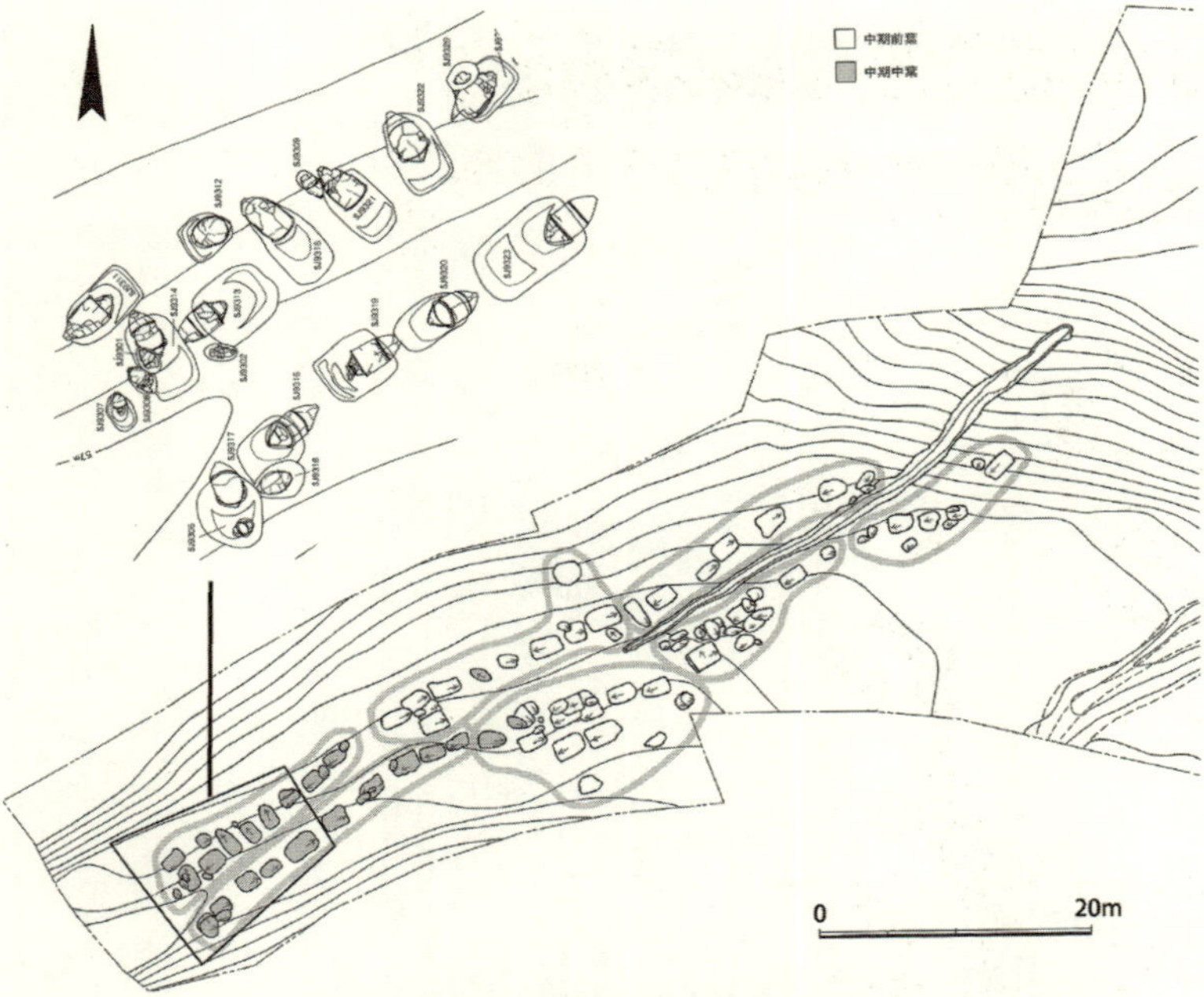

図 50　鳥栖市八ツ並金丸遺跡の列埋葬（註 6 より一部改変）

南西側に向かって列埋葬の甕棺墓が作られていくが、列の最後付近にあたる南西隅では、列に乱れが生じている。時期は弥生時代中期中葉である。

同じ家族よりも氏族内で死んだ人を優先して順番に埋められることになる。このことは、弥生時代中期中頃までの社会において、家族よりも氏族が優先していたということを明らかにした。簡単に言えば、自分の兄が死んだとき、その墓はすでに死んで埋葬されている父母の墓の近いところに埋葬されるのではなく、いちばん最近に氏族内で死んで埋められた墓に続いて道の両脇に順番に埋めるのが当たり前だったのである。

　先の八ツ並金丸遺跡を見ると、弥生時代中期初頭を皮切りに一〇〇年以上の時間をかけて、整然と列埋葬が続けられていく。その墓地群でも、南西側のいちばん新しい段階の中期中葉には列埋葬が乱れる現象が見られる。どうしてこのように列を乱すことになるのか、溝口孝司は埋葬時の視覚を問題にしている。埋葬する際に近い肉親や先祖の墓を意識しながら（見ながら）新たな埋葬を行うために、列が乱れ、それまでの列に直角あるいは斜め方向に墓を作るものが出現し、列埋葬がなくなるというのである。(註7)

ここから考えられるのは、氏族よりも家族、すなわち肉親との血縁が重視されるようになるということである。つまり弥生社会において、ある意味平等であり、突出した成功者を生みださないように規制してきた氏族中心の制度が、家族中心の制度へと、その一部が崩れ出したことを示すのである。

首長権継承儀礼の重要性

先頃の平成時代から令和時代への移り変わりの中で、天皇の皇位継承儀礼である「剣璽《けんじ》等承継の儀」が行われたことは記憶に新しいところである。代々受け継がれてきた神器《じんぎ》を受け継ぐ儀式は、天皇の正統性を世に知らしめる上で重要な儀式である。

エジプトでは、ファラオと呼ばれる絶対的な王が専制的な国家体制を続けるが、その古王朝最初の第Ⅲ王朝ジョセル王は、初めて本格的なピラミッドを築いた人物として有名である。それは、サッカラにある階段ピラミッドと呼ばれるものであるが、その設計には、書記であるイムホテプがあたった。エジプトはピラミッドの造営に代表されるように中央集権化が進んだ国であったが、このピラミッドももともとはマスタバという群集した墳墓から発達したものである。このような状況は、弥生時代の群集する墳墓群から突然前方後円墳が出現する状況に似ている。

エジプトでは、死んだ王をピラミッドに葬るのであるが、そのときに行われる王の葬式が、その次の王を決めるために重視される。葬式を執り行う者が首長権を継承するが、これは基本的に世襲である。次王の地位を約束された者でも、首長権継承儀礼を経ることによってはじめて神性を得ることができる。そして名実ともに王として認められるのである。

日本の古墳における重要な儀式も首長権継承儀礼だとされている。この研究は、かつて近藤義郎が唱えて考古学の世界で注目されたものである。日本もエジプト同様、死者が葬られた前の祭壇で行われた首長権継承儀礼が重視され、最初は低く小さかったその祭壇が、前方部として発達し、前方後円墳が誕生したとする近藤説は、今も多くの支持を得ている。(註8)

世襲と禅譲・革命

次に東洋中国文明を見ると、古代中国では、基本的に世襲によって君子の位を継ぐ。しかしそれ以外の場合もある。これには二つの方法が示されている。その一つは「禅譲《ぜんじょう》」である。禅譲は、時の皇帝がその地位を譲るにあたって、血縁はないが、徳のある人物に平和裏に地位を譲ることである。古代中国の伝説上の国々は禅譲によって王朝交代がなされている。例えば五帝と呼ばれる天子たちは、堯《ぎょう》から舜《しゅん》に、舜から禹《う》にそれぞれ禅譲したと書かれている。

平和な継承ではなく武力によって地位を奪うことが革命である。簒奪《さんだつ》と呼ぶこともある。ところがこの方法による政権交代は、民衆に新しい政権に対する不信感を生ませることになる。そのために、実際はどうであれ、その国の国史には、前王朝からの正統な継承を主張する禅譲による皇位継承がつづられている。

邪馬台国時代の『三国志』には、魏の建国の過程が書かれている。後漢の皇位を継承した魏が晋王朝を建てるのだが、晋王朝を正当化するために二二〇年、後漢最後の皇帝献帝は、魏の曹操の子曹丕《そうひ》に皇帝の地位を禅譲したとされている。そして後漢は滅びた。実際には、献帝は曹操の傀儡《かいらい》（操り人形のことで、転じていいなりになること）だった。

その魏の最後の皇帝である曹奐《そうかん》（曹操の孫にあたる）は、皇帝とされながら実情は魏の家臣司馬炎の傀儡であった。『晋書』には魏の曹奐は、司馬炎に禅譲したように書かれている。そして魏は滅びた。司馬炎は武帝を名乗り、新たに西晋を建て、二八〇年には長年敵対してきた南の呉を征服し、ここに三国時代は終了した。

この呉の制圧というのが、実は『魏志』倭人伝において邪馬台国の位置が「会稽《かいけい》の東冶《とうや》の東」と書かれていることと大きな関係がある。これは、東洋史学研究者山尾幸久の意見である。（註9）

山尾によると西晋が呉を征服したことにより、呉の歴史書に「会稽の東冶の東」とあった倭の位置は、帯方郡からの距離をずっと延長して記述されることとなった。そのため、『魏志』倭人伝に記された邪馬台国の位置が南方に大きくずれることになったというのである。

鏡の伝世と世襲

このように、中国の首長権継承には、血なまぐさい歴史があるのだが、それでは日本はいつごろ、どのようにして首長権継承が始まったのだろう。

文献史学では明確になっていない。『魏志』倭人伝の伊都国の説明に「世々王有」とあるが、この王が世襲だったのかどうかまではわからない。

『魏志』倭人伝の中には、社会を構成する最小単位として「父母兄弟」があることを第三章第四節で述べたが、生物学的に父がいなければ子がないことは当然であっても、この「父母兄弟」という家族関係がそのまま経済的財産・社会的身分の継承を示すとは限らない。

私たちは神話の世界で、天照大神の孫が天孫降臨したニニギノミコトでその子が山幸彦、そしてその子が人皇《にんのう》初代の神武天皇に繋がる「万世一系《ばんせいいっけい》」の思想を当然のことのように受け止めてきた。そのため今でも、弥生時代が世襲社会であったように考えてしまう傾向にある。

しかし、もともと氏族全体の持ち物であった財産が、個人の持ち物になっていき、そしてその個人の持ち物をその子に譲るようになるまでには過渡的な段階があるはずである。

弥生時代における北部九州の最高の威信財は氏族全体としては、銅剣・銅矛・銅戈などの武器形青銅器であった。これらの武器形青銅器は、弥生時代後期になると個人の墓に収められることはない。

武器形青銅器は、弥生時代後期のものはそれぞれ広形になるが、広形銅矛が墓に納められた例は、対馬市上対馬町塔《とう》の首《くび》遺跡で発見されたものが唯一の例である。今までに発見されている広形銅矛、銅戈のほとんどは偶然の発見によるものであるが、近年ではうきは市日永《ひなが》遺跡の広形銅矛・銅戈、北九州市重留《しげとめ》遺跡の広形銅矛、吉野ヶ里遺跡の広形銅戈など、集落遺跡の発掘調査によって出土する例も知られてきた。偶然の発見のものも併せて、これらはいずれも個人の権威を象徴するようなものではなく、集団全体のまつりごとに使われたものである。

そしてこの時期に個人における最高の威信財は鏡になる。卑弥呼も魏から銅鏡一〇〇枚を下賜されたことになっている。卑弥呼が下賜されたのが、倭に最初にもたらされた鏡でないことは、今までの研究や発掘調査でわかっている。日本からはそれ以前にも中国で作られた鏡が出土している。

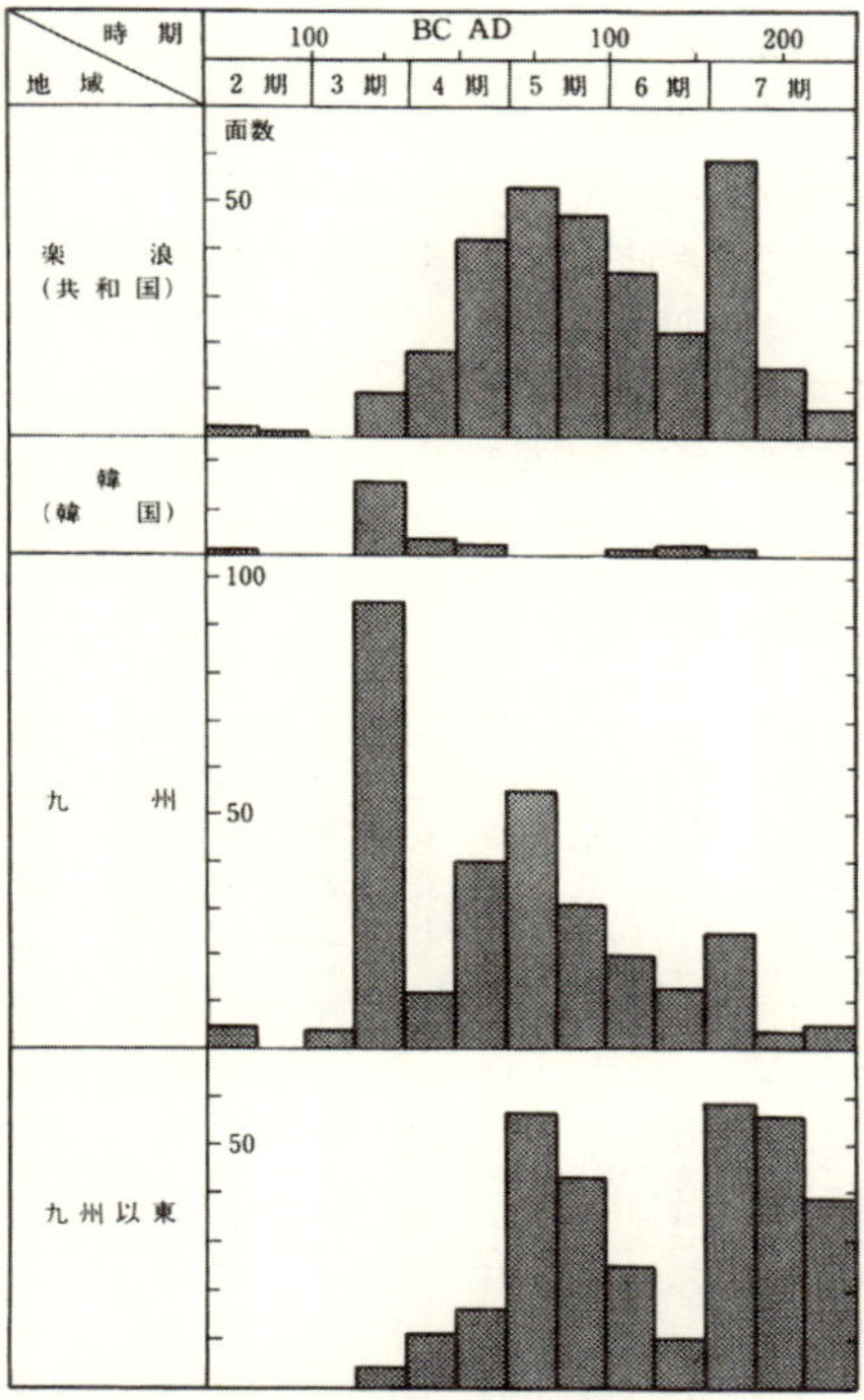

図51　漢鏡の出土数変遷（註10より）

岡村秀典《ひでのり》の研究を少し紹介しておく。岡村は京都大学の梅原末《すえ》治《じ》・小林行雄・樋口隆康《たかやす》以来の中国鏡研究を受け継ぐ研究者である。鏡は、鏡背《きょうはい》の文様によってその時期が推定されるが、岡村は、中国漢時代から三国時代の鏡を七

漢鏡１期	紀元前２世紀前半、前漢前期
漢鏡２期	紀元前２世紀後半、前漢中期後半
漢鏡３期	紀元前１世紀前半から中頃、前漢中期後半から後期前半
漢鏡４期	紀元前１世紀後半から１世紀はじめ、前漢末から王莽代
漢鏡５期	１世紀中頃から後半、後漢前期
漢鏡６期	２世紀前半、後漢中期
漢鏡７期	２世紀後半から３世紀はじめ、後漢後期
漢鏡８期	３世紀、後漢末から三国時代

図52　漢鏡各製作時期

期に分類し、さらにその一つの期を二ないし三時期に細分した。その時期区分をもとに、漢の直轄する楽浪、韓国、九州と九州以東の日本の四地域について、それぞれどの時期の鏡がどのくらい出土するかをまとめた【図51・52】。

この図は、あくまで中国で作られた鏡の時期別区分であって、鏡が出土した遺跡の年代とは関係がない。つまり、いかに古い時期に作られた鏡であっても、出土した遺跡も古いとは限らない。例えば、7期の鏡が九州以東の地域に多いからと言ってこの時期、すなわちこの鏡が中国で作られた二世紀後半から三世紀初めの時期の遺跡から多量に出土しているというわけではないことに注意してもらいたい。その鏡が仮に5期のものであれば近畿地方の六世紀の古墳から出土したとしても、九州以東の5期にカウントしているのである。

日本では5期の鏡を境に出土数が全体に減少し、その傾向は九州ではその後も継続する。ところが、九州以東では7期の鏡が急激に増加する。

この現象に対して岡村は、『魏志』倭人伝にある「倭国乱」を終えたのち、地域間交流が活発化して近畿地方を中心とした勢力が後漢後期の漢鏡7期の鏡を入手し分配したが、それは即座に墓に副葬されることはなく、しばらく伝世した後に墳丘墓に副葬されたり、大量に前方後円墳に副葬されたと解釈している。(註10)

それでは九州地方はどうかというと、平原遺跡の鏡が5期のものを含むので、そこまでは、伊都国に限って大量副葬が続く。しかし、伊都国以外の九州では、九州以東ほどではないにしても6期・7期にも鏡は入って来ているのに、その時期や直後に当たる弥生時代後期から終末期の墳墓に大量に鏡を副葬する状況は見られないのである。九州地方でも一部は伝世したり、打ち割られて配付されたりしているが、基本的には伝世せずに、そのまま墓だけでなく集落から出土する。九州地方の墓から出土する鏡の枚数は基本は一枚であるが、たまに複数枚の副葬がある程度である。

この伝世というのが問題であって、なぜ伝世するのか。私はこの伝世が世襲制と大きな関係があると考えている。

それまでの、威信財は一代限りのものである。つまりそれは「家宝」ではなく、その人個人の偉業を称えるものとして、その死とともに墓に埋葬されるのである。しかし、世襲という考え方が定着するにつれ、威信財は「家宝」という取り扱いになっていく。図51にあるように中国製の鏡は継続的に入って来ているものの、遺跡の上で突然鏡の出土が少なくなる、二世紀後半から三世紀初頭、近畿地方ではその時期の鏡を伝世する風習＝世襲の段階に入り、一方、九州では鏡は伝世せずに、権力の世襲段階ではなかったと私は見るのである。

第二節　邪馬台国に世襲があったか

「共立」問題がもたらす九州説と近畿説論争

共立は、世襲とはまったく相反する継承方法である。共立の問題は今までにもしばしば取り上げてきた。ここで詳しく考えてみたい。『魏志』倭人伝には次のような文章がある。

其の國、本亦男子を以って王と爲し、住まること七・八十年。倭國亂れ、相攻伐すること暦年、乃ち共に一女子を立てて王と爲す。名づけて卑彌呼と曰う。

その国では、もともと男子が王位についていたが、そうした状態が七、八十年もつづいたあと、〔漢の霊帝の光和年間に〕倭の国々に戦乱がおこって、多年にわたり互いの戦闘が続いた。そこで国々は共同して一人の女子を王に立てた。その者は卑弥呼と呼ばれ、…

『後漢書』東夷伝にも同じような文章がある。

桓・靈の間、倭國大いに亂れ、更々相攻伐し、歴年主なし。一女子あり、名を卑彌呼という。

共立の問題を邪馬台国の所在地論と関連付けて考えたのは、藤間生大が最初であろう。

卑弥呼が邪馬台国の女王として、どのような立場にあったのかということは、邪馬台国時代がいまだ成熟していない連合国家であったのか、それとも中央集権体制がある程度確立していたと見るのか、そこに邪馬台国九州説と邪馬台国近畿説の大きな違いが現れる。

ここで両説の代表的な二人の考え方を挙げてみよう。卑弥呼は、原始的民主制という共同体の遺制が強く残る中で倭のクニグニによって押し立てられたと考える九州説の井上光貞と、最初から近畿内部での諸国の共立と考えている近畿説の上田正昭のそれぞれの主張である。

古代中国の文献では、倭国が乱れ、それを収拾するために、一女子を立てて王としたと書かれている。それでは、共に立てた主体はだれか。

井上光貞は、原始的民主制というものを考えた。みんなが集まって、卑弥呼を押し立てたのだ、多くの大衆の力によって、民主的に卑弥呼が出てきたのだというように、共立という言葉を解釈した。共同体的な性格の強い社会だから、共同体成員の間で卑弥呼が共立されたのだという解釈である。しかし、井上は共立された卑弥呼は無条件で選ばれたのではないと考えて、「もちろん、「共立」ということの意味は、どの小国の国王でも、連合の盟主となりうる資格をもっていた、ということではあるまい。邪馬台国が巫女卑弥呼のもとに盟主となりえたのは、何よりもまず、邪馬台国が諸国を制しうる実力をもっていたからであると思われる。(註11)」と書いている。

それではその諸国とは何か。井上は、

「冒頭の『其の』を邪馬台国と解するのは正しくないと私は考える。このことは、(中略)『住まること七、八十年』の解釈についての諸家の見解を参照していただければわかることである。『其国はもと男子を王としていた』とは、五七年に奴国王が貢献し一〇七年に師升らが生口を献じたこと、などをさしているのである。それだからこそ、七、八十年たった後におこったという倭国の乱が、後漢書では漢の桓帝・霊帝のころ（一四七―一八九年）としてあるのと年代の辻つまもあうのである。男子を王としたというその国は、奴国や師升らの国の総称であり、したがって倭国であって、決して邪馬台国ではないのである。

　したがってまた『互に攻めあって年を経た』の主格も『共に一女子を立てて王とした』の主格も、邪馬台国内部の諸豪族ではなくて、地方諸小国であるとみなければならないであろう。」

という結論を導き出している。

それに対して上田正昭は、井上の言う「共立」に対する考えを批判する。

「邪馬台国の段階には、王―大人―下戸―生口・奴稗の身分が存在し、「尊卑各差序有（尊い者と卑しい者の差別がある）」階級社会であったとみなす私は、井上説のような「原始的民主制」論にはくみするわけにはいかなかった。『後漢書』東夷伝の倭の条（「後漢書倭伝」）にみえる安帝の永初元年（一〇七）の「倭国王帥升等」を部族同盟の倭国の中の国名とする説や女王卑弥呼の「共立」をやはり原始的民主制や部族同盟のたしかな証拠とはしえないことを論じたのも（後述）、井上説には賛同できなかったからである。」

「『乃ち共に一女子を立てて王となす。名づけて卑弥呼と曰ふ』の『共立』についても、井上光貞教授ほか多くの研究者が、原始的民主制や部族同盟のあかしとして強調する。だがはたしてそうであろうか。井上光貞教授は『単一の国のもとに統一された秩序ではなく、むしろはつらつたる無政府状況を思わせるものがある』とのべられたが（前掲書）そのように読みとるのが正しいであろうか。私はこの『共立』も『三国志』の『魏書』（『魏志』）の書例から考えるべきであると主張してきた。『共立』の用語をどういう場合に『魏志』が使っているかを調べねばならぬ。その上で『魏志』の書法にしたがって解釈するのが正当なすじみちである。」

ということから、同じ『魏志』東夷伝の夫余の条と高句麗の条の例を挙げて、「嫡子でないものが王となる場合に用いられており、王位継承の秩序にもとるさいの用例である。」として、

「「共立」の字にこだわって「原始的民主制」とか「部族同盟」の証しとかとする見解は、あまり生産的ではない。『魏志』倭人の条には、「共立」の実体がなんであったかをしるしていない。いわゆる「魏志倭人伝」の吟味は、二〇〇〇字たらずの倭人の条だけでは不十分となる。東夷伝の中の倭人の条であるから、少なくとも東夷伝の他の条でどのように記述されているかを参照しなければならない。」

と厳しく井上説を批判している。(註12)

この両者の見解の差は、とりもなおさず、邪馬台国九州説と近畿説の基盤になっている。

近畿説による共立した国々

「共立」の主体を邪馬台国を含む「邪馬台国連合」の地方小国家群と見れば、今日の弥生時代後期から終末にかけて、特段卓越した遺跡が見当たらないという北部九州、特に筑紫平野の遺跡群はその解釈に相応しい。一方、「共立」の主体を初期の専制国家的なものと見るならば、近年、近畿説で有力な考え方になりつつある纒向遺跡を中心として、近畿だけでなくキビ（吉備）・イヨ・サヌキ・サガミ・フサ（上総）など広域の小国家群を想定する解釈が適合している。当時の邪馬台国が、原始的民主制にとどまっていたのか、アジア的生産様式を基礎とする初期専制君主の権力基盤ができつつある段階だったのか、それによって邪馬台国の所在地論争の新たな視点が生まれる。

近年の考古学的調査では、各地、特に近畿地方を取り巻く各地で、古墳に先行した突出した弥生墳丘墓が発見されている。

岡山県宮山遺跡は、前方後円形をした墳丘墓で円墳部分の直径は二三メートル、全長四〇メートルで、後円部には長さ約三メートルの竪穴式石室が作られ、銅鏡や鉄製武器が副葬されていた。墳丘には宮山型と呼ばれる後の埴輪に発展する特殊器台型土器が並べられていた。吉備地方では、宮山遺跡に続いてさらに大きな規模の墳丘墓が作られている。楯築《たてつき》遺跡である【図53】。楯築遺跡は推定全長約八〇メートルで直径四〇メートルの円墳の両脇に細い前方部のようなものが付く。これを双方中円形という。墳丘には五個の大石が主体を取り囲むように立っていて、その中央には長さ三・五メート

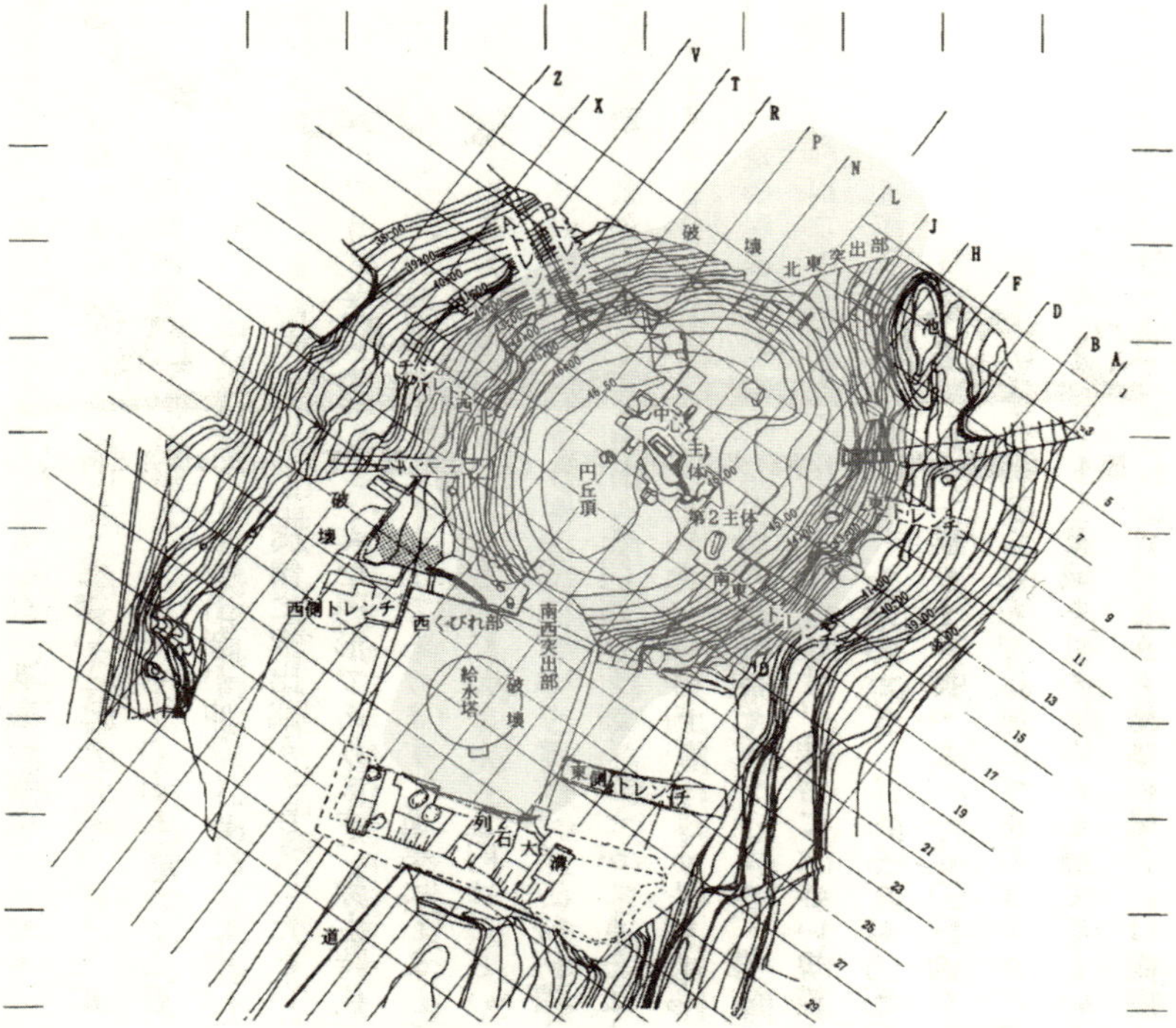

図 53　楯築遺跡平面図（註 13 より一部改変）
アミのかかった部分が墳丘部と推定され、現存で長さ 72m、推定で 80m になる。

ルもの木棺が納められ、木棺内部には大量の朱が納められていた。墳丘からは特殊器台や特殊壺が出土し、旋帯文石《せんたいもんせき》が置かれていた。(註13)

出雲市西谷三号墓は、山陰から中国山地に分布する四隅突出《よすみとっしゅつ》型《がた》墳丘墓という特異な形の墳丘墓の一つで、その規模は三六メートル×二八メートル、高さは四・五メートル【図54】である。その墳丘には大型の建物が建てられた痕跡がある。(註14) 鳥取にある西桂見《にしかつらみ》遺跡にもこの四隅突出型の大きな墳丘墓が発掘されている。

このような墳丘墓が、どのよ

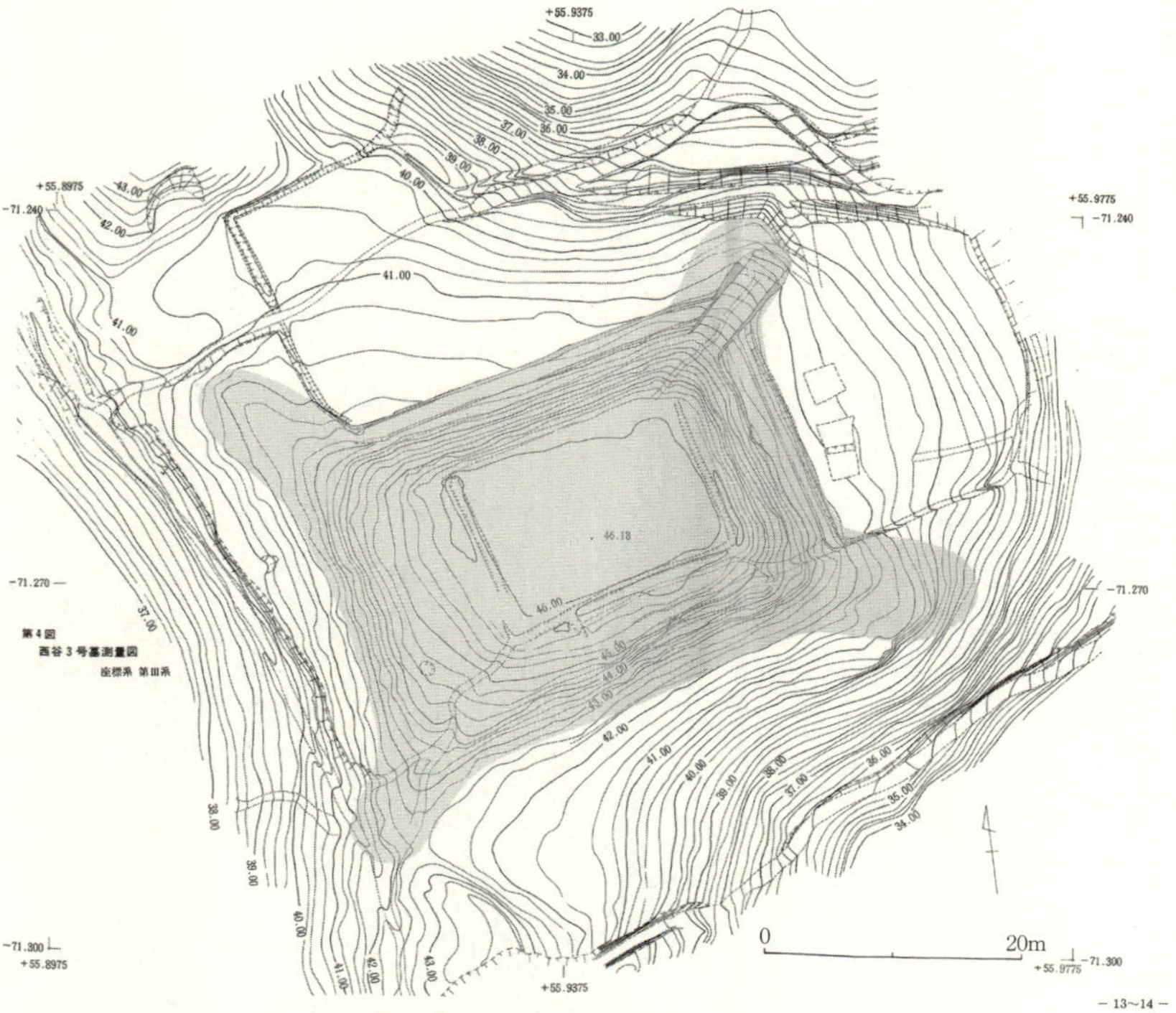

図54　西谷3号墓平面図（註14より一部改変）
現状で東西36m、南北28m、比高4.5 mである。

うな過程を経て出現したのか良くわかっていない。北部九州は、これまで見てきたように、吉野ヶ里遺跡に見られる指導者集団墓から始まって、須玖岡本遺跡のような王墓が出現する段階を見ることができたが、北部九州社会の成長とは違って、突然各地域でかなり専制的な首長が出現したように見える。

　これらの墳丘墓ができた頃、大和盆地東南部の纒向遺跡周辺に纒向型前方後円墳が出現している。この纒向型前方後円墳は、寺澤薫のようにすでに全国に普及しているので、前方後円墳として良いという考え（註15）と、そ

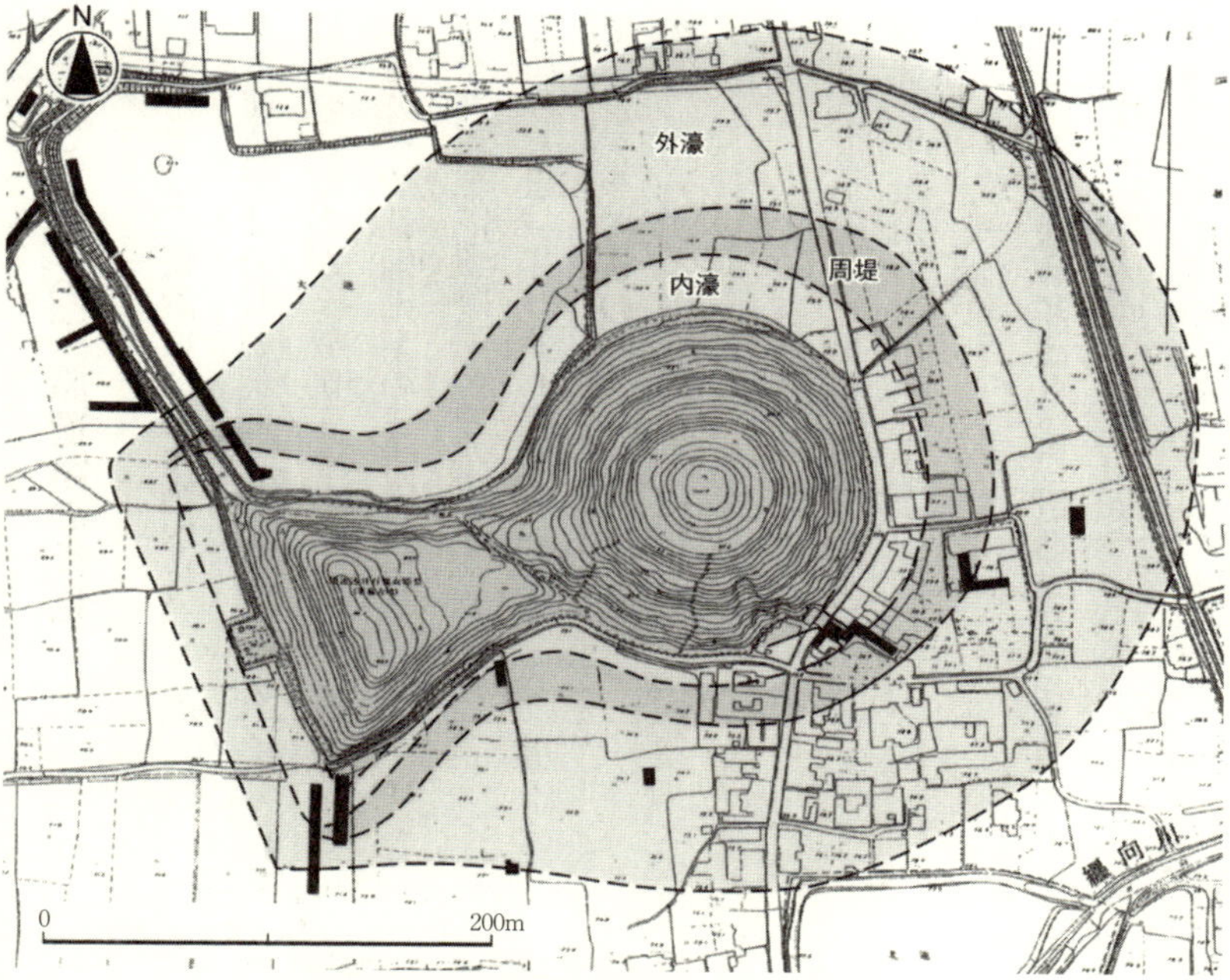

図 55　箸墓古墳平面図（註 17 より）

うではなくて次に続く箸墓《はしはか》古墳（大市墓）【図55】こそが前方後円墳と呼べるもので、纒向型前方後円墳は墳丘墓であるという意見（註16）に分かれる。私は箸墓古墳成立以前の纒向型前方後円墳の段階は、九州はまだその傘下に入っていなかったと見ており、墳丘墓と古墳の間には、その規模において格段の差があることから後者の意見を採用している。

寺澤は、邪馬台国は纒向型前方後円墳の段階で、こうした各地域の首長たちの連合によって成り立つという考えを示し、前方後円墳に先立つイヅモ、キビ、タニワ、ツクシなど各地の墳丘墓の各要素を集合させたものが、箸墓に代表される前方後円墳であり、その連合の中心が纒向遺跡であったと述べている。

王墓としての平原遺跡の性格

九州では、順調に社会の階層性が熟してきたように見える。その頂点に近づいたのが、奴国王墓の須玖岡本遺跡や伊都国王墓の三雲南小路遺跡や井原鑓溝遺跡であった。しかし、これらの墓がそのまま順調に発展していき、その後の九州のより広い地域でもこうした王墓が発見されるかというとそうではなかった。あくまでもこの「王墓」出現は弥生時代中期後半～後期前半の伊都国と奴国に限られた特異な現象であった。

これらの遺跡とともに、伊都国王墓、特に「最後の伊都国王墓」とされるのが平原遺跡である。この平原

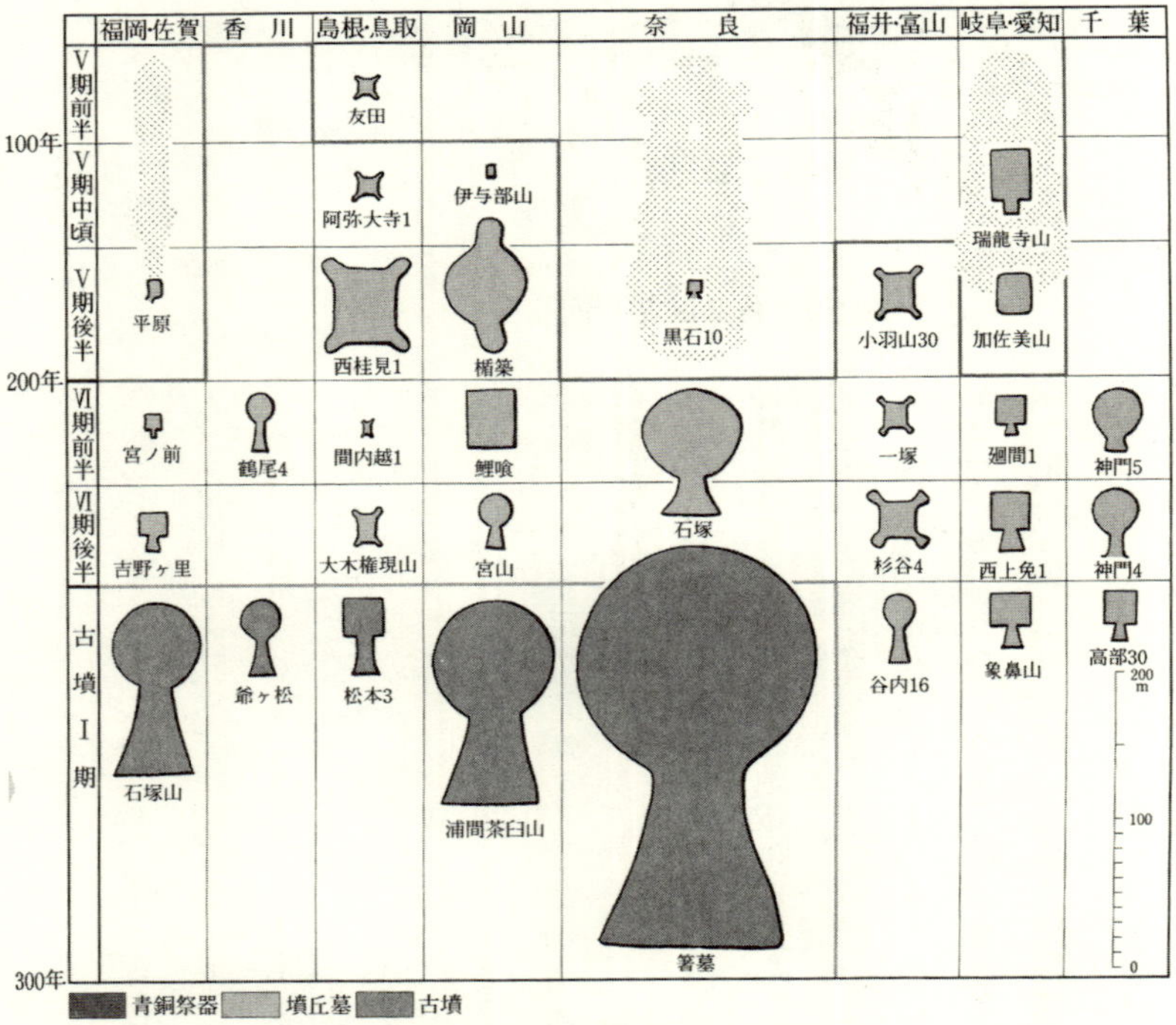

図56　墳丘墓と古墳の規模比較図（註18より）

遺跡が、ほんとうに伊都国の王墓の系統を受け継いだものかどうか検討してみたい。

平原遺跡は、東西一四メートル、南北一〇・五メートルの方形周溝墓に割竹形木棺が据えられ、面径四六・五センチメートルの超大型内行花文鏡五面、舶載の内行花文鏡二面、方格規矩鏡三二面等を含む四〇面もの鏡や素環頭大刀、夥《おびただ》しい量の玉類が副葬品として出土している。

平原遺跡一号方形周溝墓は、先に西日本各地で弥生時代の終わりに作られた墳丘墓同様に、その時代の北部九州を代表する墳丘墓として取り上げられることが多かったが、それらの墳丘墓とは外見的にも副葬品の質にもかなりの違いが見られる。平原遺跡の墳丘は、それほど他を圧する規模をもたないが、鏡や素環頭《そかんとう》大刀《たち》など多量に豪華副葬品が収められている。

平原遺跡は、二〇〇〇年に報告書が刊行され、その時期が従来二世紀から五世紀まで諸説ある中で、三世紀前半代の弥生時代終末期ということでほぼ決着がついた。この遺跡は最後の伊都国王墓と言われている。弥生時代的な墳墓という意味ではそうだが、この地域には後続する古墳時代初頭の前方後円墳もあり、弥生時代からの王の継承という点ではまだわからないことが多い。

伊都国は『魏志』倭人伝に、

伊都國に至る。（中略）世〻王有るも皆女王國に統属す。

とあって、伊都国においてこの平原遺跡の被葬者は、三雲南小路遺跡—井原鑓溝遺跡—平原遺跡と続く王の系譜でとらえられてきた。

しかし、私はここに埋葬された人物が、その豪華な副葬品に比例して、国のあらゆる機能を委ねられた絶対的な存在かどうかという点については疑問を持っている。王墓とされる一号方形周溝墓の周囲には溝を共有するいくつかの方形・円形周溝墓があり、さらに台状部や溝の中に単独の墓が作られている。このようにみると、古墳のように周囲を圧倒するような規模と周囲から隔絶しているわけではなく、必ずしもこの墓の王がそれ以外の人々から隔絶した存在ではないと考えられる【図57】。三雲南小路遺跡や井原鑓溝遺跡の方がむしろ隔絶しているように見える。

その場所も問題である。伊都国の王墓とされる三雲南小路・井原鑓溝の各遺跡は、それぞれ瑞梅《ずいばい》寺《じ》川と川原《かわばる》川に挟まれた三雲遺跡群南側の微高地上にあって、双方の距離は近接していて一〇〇～一五〇メートルくらいしかなく、時期的にも近いので、同じ氏族の系列ともとらえられる。一方、平原遺跡は、瑞梅寺川を挟んで西側の平原丘陵にあり、その距離は、先の両遺跡から一・三キロメートルある。伊都国の体制の中で、先の二王墓を継承したものではなく異なる氏族であったと思われる。

糸島地方では、特別な墓が、三雲南小路遺跡―井原鑓溝遺跡―平原遺跡と年代的に並べられるが、岡村秀典の鏡の研究によれば、三雲南小路遺跡から出土した鏡は、前漢の紀元前二世紀後半～前一世紀前半、井原鑓溝遺跡は紀元前一世紀第4四半期～一世紀第1四半期、平原遺跡は一世紀後半の製作とされ長期間にわたっている。これらは鏡の製作された時期ではなく遺跡の時期を見ても、三雲南小路遺跡は、その甕棺形式から紀元前一世紀後半、平原遺跡は三世紀前半～中頃となり、この間の約二五〇年間である。これらの墓だけで継承されているとするには、一世代が長すぎる。当然この間にも、王がいるとすれば、未発見のいくつかの王墓があるはずである。特に井原鑓溝遺跡と平原遺跡の

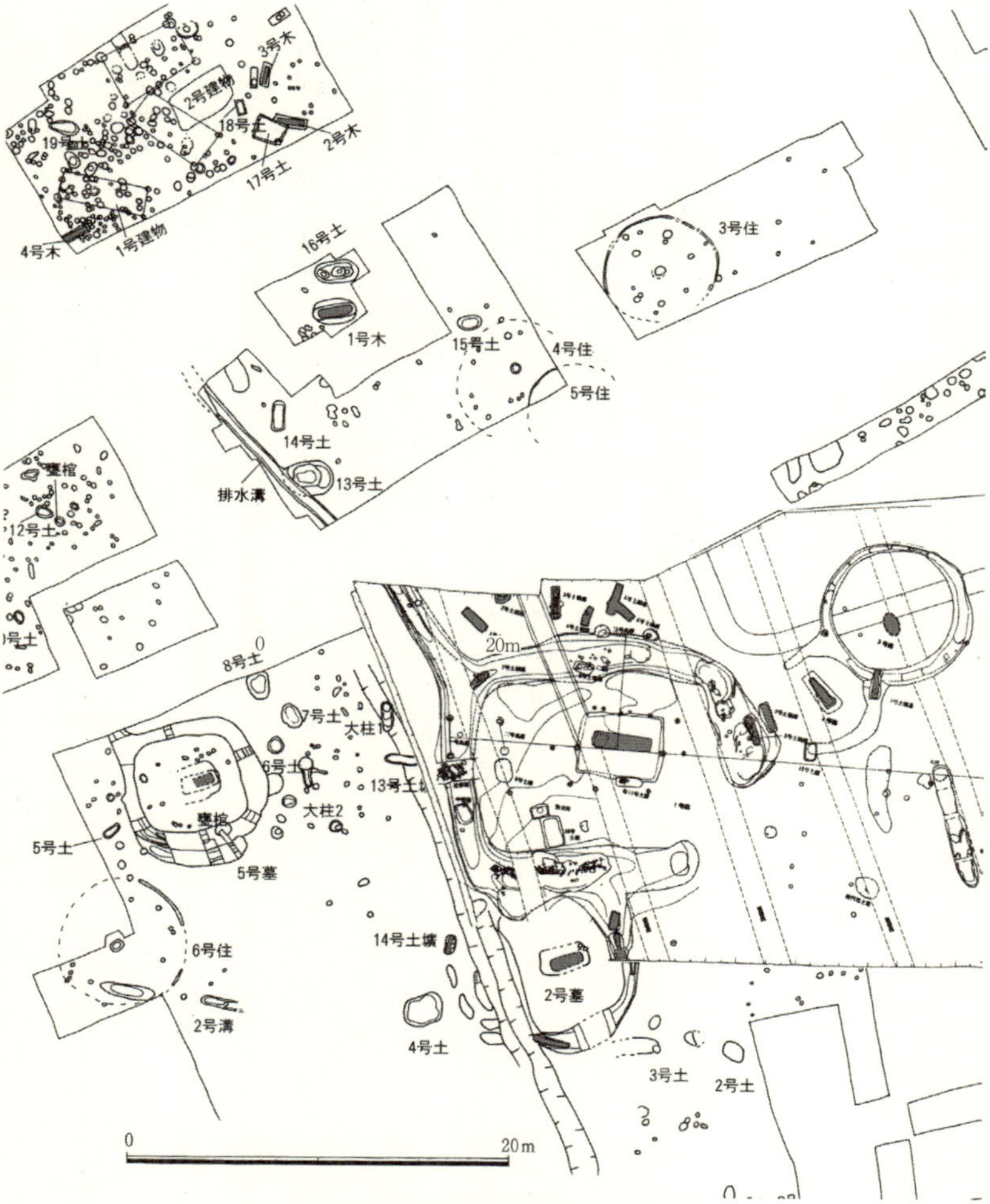

図 57　平原遺跡の王墓（註 19 より）
平原 1 号墳丘墓の周囲には、同時期のものと考えられる墳墓が多数ある（アミカケ部分）。このように 1 号墳丘墓は副葬品においては飛び抜けた存在であるが、墳墓としては隔絶したものではない。

間には約一五〇年の時間がある。

さらに、弥生時代中期後半から後期初頭にかけての伊都国の甕棺墓を主体とする三雲南小路遺跡・井原鑓溝遺跡の二つの王墓の方が平原遺跡よりも王墓の風格がある。北部九州の先進的な伊都国・奴国では、「王」とみなされても良いほどの特定個人を頂点にした階層が一時的に成立していたことになる。しかし、これがずっと継続していた証拠はない。

平原遺跡は、副葬品だけを見れば他を圧した内容であるにもかかわらず、なぜもっと周囲から隔絶した墳墓にならなかったのか。

『魏志』倭人伝には、伊都国では、王がいて、一大率がいて、大倭も絡んでいたらしい。私はそこに一人の王に掌握された専制的な体制を求める方が無理なのかもしれないと考えている。西日本各地で平原遺跡と同時期に出現する墳丘墓の方が、より周囲から隔絶した遺跡であって、平原遺跡をそれと同列に見ることはできないと思う。

近畿勢力に加担しなかった北部九州

寺澤が提唱するようにイヅモ、キビ、イヨ、タニワなどの勢力がヤマトを中心に集結する点は理解できる。しかし、その段階にツクシも含まれているとする寺澤論には私は反対の立場である。纒向遺跡から九州系の土器がほとんど出土していないことに加えて、墳墓の側から見て、伊都国の平原遺跡はあくまで中国・朝鮮半島との緊密な関係の中で、卓越した豪華な副葬品をもちえたのであって、その他の地域と同じように墳丘墓が大型化・隔絶化する現象は見られないのである。もし、九州以外の墳丘墓にツクシの要素があるとすれば、それは鏡を副葬するという漠然とした文化的要素であって、具体的な権力の関与は認められないからである。

北部九州全体を見渡しても、弥生時代には先に挙げた各地域の大型墳丘墓のようなものは出現しておらず、むしろ氏族社会的な名残を残す複数の墳丘が寄り添い、一つの墳丘に複数の墓があって、そこから、ごく少数の鏡や鉄器が出土するという状況である。

北部九州には、早くから弥生時代終末の墳丘墓として、福岡市宮の前C地点、粕屋町酒殿《さかど》遺跡、同平塚遺跡などが知られていた。これらの墳丘墓は、西日本各地に出現する大型特定個人墓に比較して、小型で集団墓的な様相を示している。

ところで寺澤のいう「ツクシ」は文脈から見ると北部九州全域を指しているように思える。ツクシという地名が差す範囲は二つある。ひとつは九州島全域を指す広義のツクシであり、もうひとつは旧筑前・筑後、それに肥前を合わせた狭義のツクシである。北部九州の中には、狭義のツクシに属さない、周防灘沿岸部の「トヨ」もある。したがって、ツクシがそのまま北部九州を指すのではない。

トヨの地域でも北九州市城野《じょうの》遺跡やみやこ町徳永川ノ上《とくながかわのうえ》遺跡等の墳丘墓が発見されている。このうち、みやこ町の徳永川ノ上遺跡を詳しく見てみよう。

この墳墓群は、表1のように、多数の鏡や鉄製品を出土している。墳墓がある場所は、大きくC地区とE地区に分かれるが、C地区では弥生時代に一般的に見られる集団墓が多く、E地区では特定集

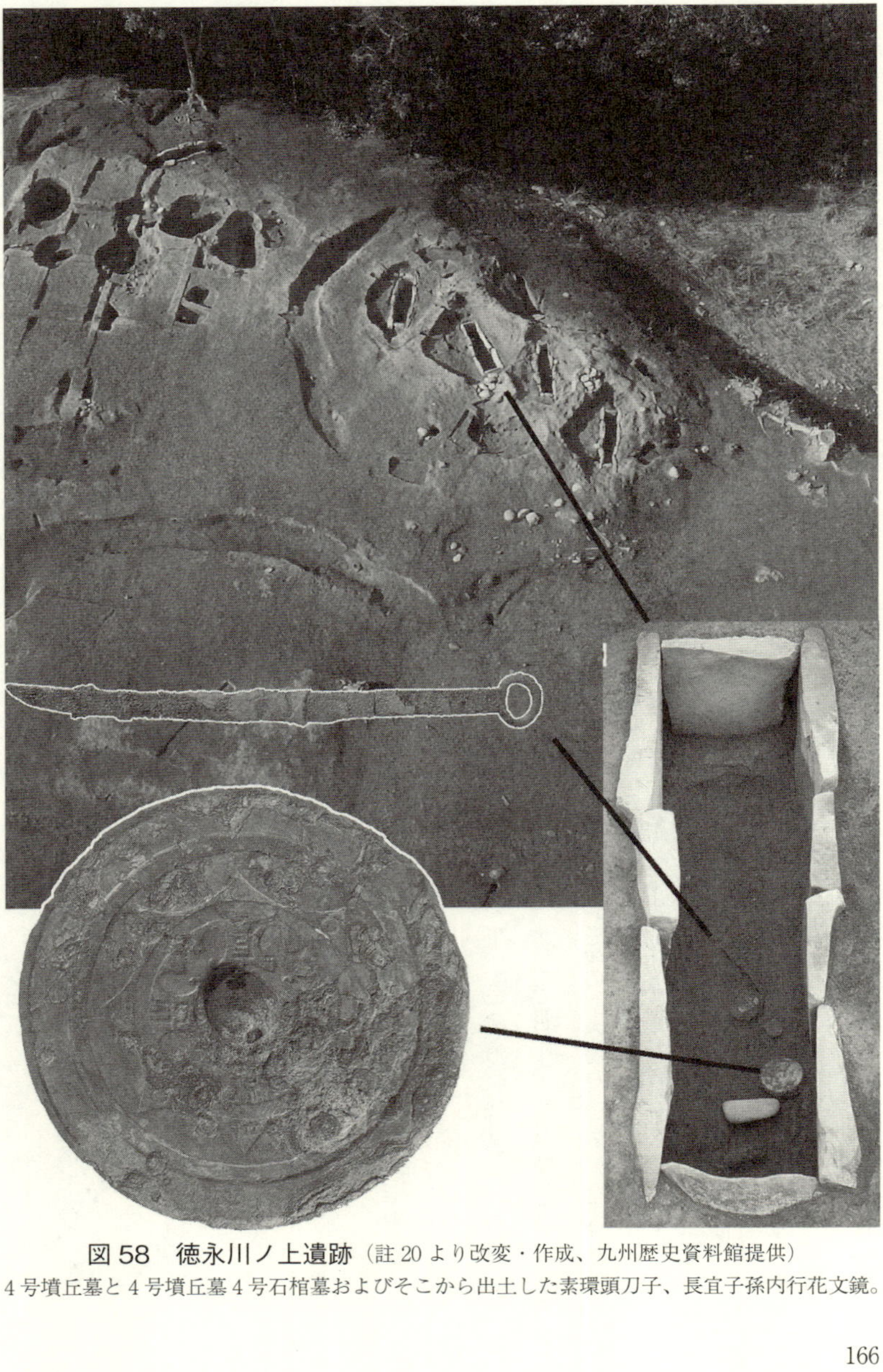

図 58　徳永川ノ上遺跡（註 20 より改変・作成、九州歴史資料館提供）
4 号墳丘墓と 4 号墳丘墓 4 号石棺墓およびそこから出土した素環頭刀子、長宜子孫内行花文鏡。

出土墳墓	出土遺物	備　考
2号墳丘墓1号棺	舶載方格規矩鏡（1）	破鏡、面径約10cm
	ガラス小玉（32）	
	鉄製刀子（1）	鹿角製柄
3号墳丘墓1号棺	鉄鏃（2）	柳葉形鏃・圭頭形鏃
3号墳丘墓3号棺	ガラス小玉（21）	
3号墳丘墓4号棺	鉄鏃（1）	透孔付圭頭形鏃
3号墳丘墓9号棺	鉄鏃（1）	圭頭形鏃
4号墳丘墓3号棺	鉄剣（1）	
	鉄鏃（2）	透孔付柳葉形鏃
4号墳丘墓4号棺	舶載長宜子孫内行花文鏡（1）	面径13cm
	勾玉（1）・管玉（19）	軟玉製・グリーンタフ製
	素環頭刀子（1）	
5号墓	鉄剣（1）	完形全長31.1cm
6号墓	舶載方格規矩鏡（1）	破鏡、面径10.5cm
6号墓	素環頭刀子（1）	完形全長14.2cm
8号墓	舶載三角縁画像鏡（1）	破鏡、面径約22cm
8号墓	勾玉（1）管玉（3）小玉（85）粟玉（45）丸玉（1）	ヒスイ製（勾玉）・ガラス製（小玉・粟玉）・水晶製（丸玉）
10号墓	管玉（1）小玉（8）	グリーンタフ製・ガラス製
13号墓	勾玉（1）丸玉（1）管玉（13）小玉（19）	ヒスイ製（勾玉・丸玉）メノウ・碧玉・グリーンタフ・ガラス製（管玉）ガラス製（小玉）
19号墓	舶載盤龍鏡（1）	面径9.8cm
20号墓	勾玉（1）管玉（1）丸玉（1）小玉（9）	碧玉製（勾玉・管玉）ガラス製（丸玉・小玉）
31号墓	鉄鏃（2）刀子（1）	透孔付柳葉形鏃
42号墓	鉄製釣針（5）鉄鏃（2）刀子（1）	透孔付柳葉形鏃・圭頭形鏃
43号墓	素環頭刀子（1）	完形全長10.9cm
44号墓	鉄鏃（1）素環頭刀子（1）	透孔付柳葉形鏃
2号甕棺墓	鉄鏃	透孔付柳葉形鏃

図59　徳永川ノ上遺跡の副葬品一覧

団をその他の構成員から離して作られた墓が見られる。一般的に集団墓の方が、特定集団墓よりも古い段階と見るが、ここではほぼ同時にその両者が混在している。そして、特定集団墓の方が単独墳墓よりも質の高い副葬品を持っているかと言えばそうとも言えないのである。内部主体の作り方にも差が見られない【図59】。

五基の墳丘墓の中には、箱式石棺墓・石蓋土壙墓・木蓋土壙墓・木棺墓・土壙墓・甕棺墓など合計二八基の埋葬施設がある。単独の墳墓には、箱式石棺墓七基・石蓋（木蓋）土壙墓五二基・甕棺墓三基などの合計九〇基の埋葬施設がある。

このような墳墓が、弥生時代の終末、近畿地方では纏向遺跡が出現している時期において、九州での一般的な墳墓である。北部九州では、個人の権力・権威の突出がなかった故に、このような墳墓が弥生時代全体を通して続くのであろう。

纏向遺跡がその後に続くヤマト王権へと発展する遺跡であることは、その規模や弧文円盤、大型建物、多量の桃の種、ベニバナ花粉の検出など相次ぐ考古学成果が明らかになるにつれ、もはや動かしがたい事実となっている。

そこに箸墓古墳ができる以前の段階に、北部九州ではまだ銅矛・銅剣などの武器形青銅器を用いたまつりごとを行っている。この北部九州が、ヤマト王権の勢力下に入るのは、箸墓古墳築造以後である。したがって、寺澤の言うように、纏向遺跡が、イヅモ、キビ、タニワなどの諸勢力の連合による国造りを進めていたとしても、そこには北部九州、寺澤が「ツクシ」と呼ぶ地域は入っておらず、北部九州の勢力もそれには与《くみ》していないというのが、私の考えである。

卑弥呼共立の意味

もう一度『魏志』倭人伝に戻る。

『魏志』倭人伝には、卑弥呼の死後のことについてこのように書いている。

卑彌呼以って死す。大いに冢を作る。徑百餘歩、徇葬する者、奴婢百餘人。更に男王を立てしも、國中服せず。更ゝ相誅殺し、當時千餘人を殺す。復た卑彌呼の宗女壹與年十三なるを立てて王と爲し、國中遂に定まる。

卑弥呼が死ぬと、大規模に冢が築かれた。その直径は百余歩。奴稗百人以上が殉葬された。つづいて男王が立ったが、国じゅうの者が心服せず、殺し合いがつづいて、このとき、千人以上の死者が出た。そこで卑弥呼の親族の娘壱与が立てられ、十三歳で王となって、国の中もやっと安定した。

水野祐は、卑弥呼の死によって再び混乱を生じた社会を次のように見ている。

「彼女が祭司としての権威によって女王としての地位についたのであるが、彼女の男弟王の政治的権力だけでは二八ケ国を統属せしめることはできなかったことは卑弥呼の死後の内乱によって明らかである。しかもこの邪馬台国聯合国家が強大な専制国家にまで成長していなかったことは、この国の南隣に位した狗奴国と抗戦し、これを屈服せしめることができなかったこと、したがってこれが大和国家の如き強大な統一国家ではなかったことを物語るものである。第二世紀後半には列島ではまだ専制的な統一国家が出現し得る段階でなかった。(註21)」

九州を除く西日本では、かなり早い勢いで近畿地方のヤマト王権を中心とした連合体制が築かれていったと思われるが、それにもかかわらず北部九州ではそれまでの連合体制が維持されていた。

九州地方よりも東側の地域では、その前段階に九州地方で見られるような、緩やかだったり、急伸したりして徐々に階層性が高まっていく過程を経験することがなかったので、一気に階級社会への道を進んだ。次の古墳時代に向かって地域の首長が、その首長権を確立し、その結果として、古墳に繋がる墳丘墓の造営を可能にしたと考えられる。しかし、北部九州は、それまでの相互扶助的な体制が、一人の首長権の躍進を認めなかった。近藤義郎はこれを共同体規制と言った。そのために、北部九州は古墳時代への船出には乗り遅れたのだと思う。

そこで問題になるのは、『魏志』倭人伝を書くもとになった魏使は、北部九州と近畿、いったいどちらの体制を見て文章にしたのであろうかということである。卑弥呼の共立といい、卑弥呼死後の壱与の共立といい、そこに描かれているのが、まだ専制的ではない体制、階級社会に至っていない階層社会、王だけでなく、一大率や大倭といった役人がいる政治体制である。このような姿は、北部九州の完全な個人墓＝古墳になりきれない遺跡の状況に符合していると考えるのだがいかがであろうか。

纒向遺跡におけるさまざまな発見は、そこに後の古墳時代に直結する権力が生みだされたことを物語っている。そうした調査成果が、報道を介して邪馬台国近畿説の補強になるという論調になればなるほど、私は、今まで述べてきたような理由から、逆に『魏志』倭人伝は、そういう世界を描いたものではないという思いを強くする。

邪馬台国時代の年代観

ここまで邪馬台国時代の社会を、主として北部九州の弥生時代遺跡と『魏志』倭人伝の記事を見ながら述べてきた。

邪馬台国の社会をテーマにしているのに、北部九州の遺跡を弥生時代の初めから述べはじめたことにさぞ違和感をお持ちの方もおられたと思う。しかし、私が言いたかったのは、階層社会というシステムは弥生時代の初めから存在したもので、それが北部九州では、弥生時代中期後半に伊都国や奴国では、一時的に発達して「王墓」と呼ばれる墓まで出現したが、そういう社会は、北部九州でも決定的な階級社会へ移行することはなかったということである。

一方、九州以東の地域でも、農耕の開始とともに北部九州よりも緩やかな階層社会であったのが、突然弥生時代後期の終末からは、人によっては、古墳時代と考える庄内式土器期にかけて、急激に階級社会に発展することが、纒向遺跡の調査をはじめ、各地域の特定個人墓としての墳丘墓の出現によって示される。

北部九州でも、その時期に該当する平原一号方形周溝墓は、そうした特定個人墓という見方をされてきた。しかし、私は、鏡などの副葬品こそ卓越しているものの、それは伊都国という特殊事情がなすものであって、基本的には、その平原一号方形周溝墓の周辺にいくつもの墳墓が近接してあり、伝統的な北部九州の特定集団墓の一つとみて良いのではないかということを述べた。

ここで私が今まで、この本の中で使用してきた考古学上の年代観について、整理しておくことにする。

邪馬台国の卑弥呼が共立された、西暦一八〇年頃は、弥生時代後期後半の始まりと考えている。筑紫平野の環濠が掘られ始める時期が、弥生時代後期中ごろであり、これが卑弥呼共立の契機になっ

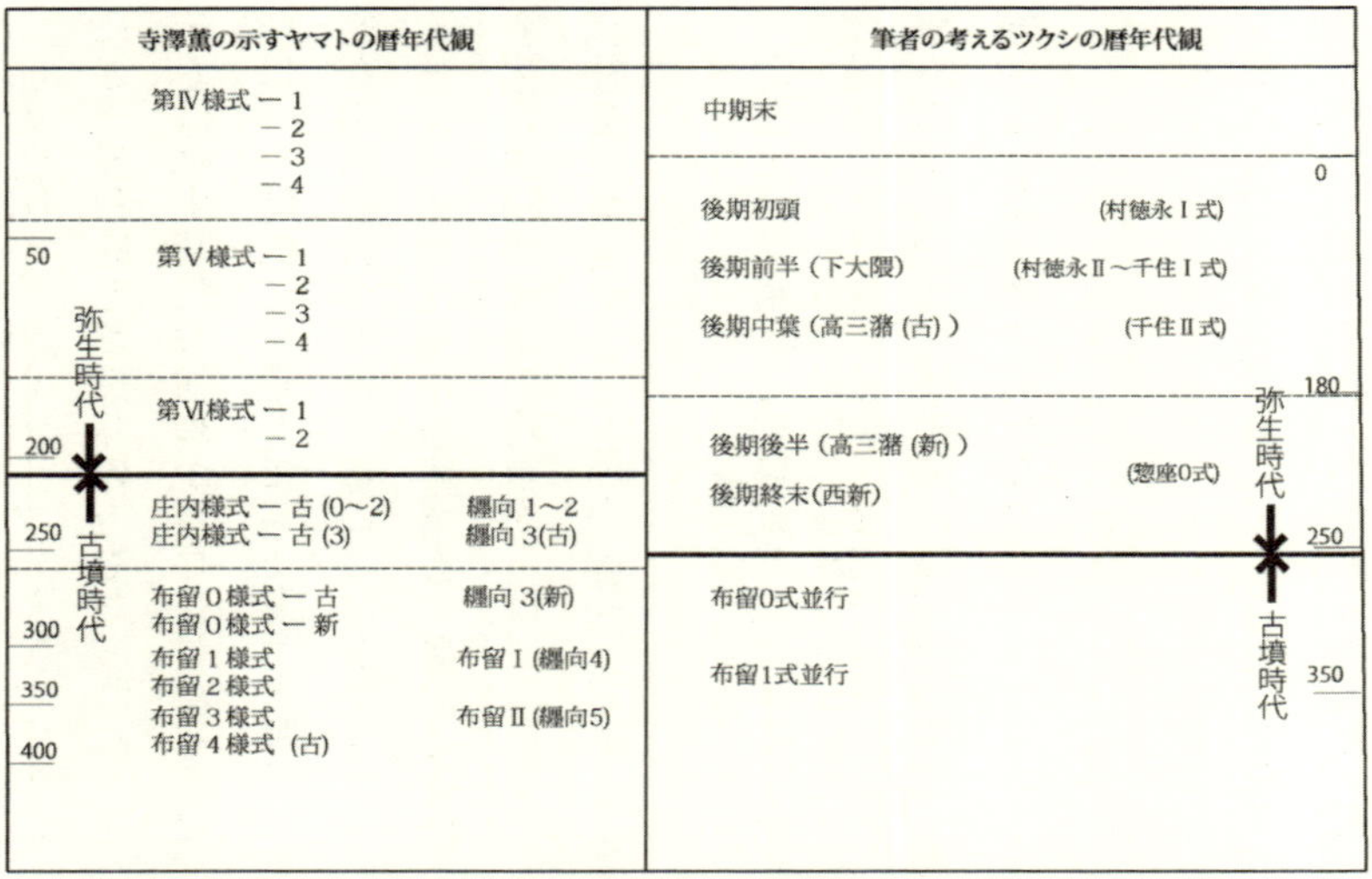

寺澤薫の示すヤマトの暦年代観
第Ⅳ様式 ー 1
ー 2
ー 3
ー 4
50
第Ⅴ様式 ー 1
ー 2
ー 3
ー 4
弥生時代
第Ⅵ様式 ー 1
ー 2
200
古墳時代
庄内様式 ー 古 (0〜2)　纒向 1〜2
250
庄内様式 ー 古 (3)　纒向 3(古)
布留 0 様式 ー 古　纒向 3(新)
300
布留 0 様式 ー 新
布留 1 様式　布留 Ⅰ (纒向4)
350
布留 2 様式
布留 3 様式　布留 Ⅱ (纒向5)
400
布留 4 様式 (古)
筆者の考えるツクシの暦年代観
中期末
0
後期初頭　(村徳永Ⅰ式)
後期前半 (下大隈)　(村徳永Ⅱ〜千住Ⅰ式)
後期中葉 (高三潴 (古))　(千住Ⅱ式)
180
弥生時代
後期後半 (高三潴 (新))
(惣座0式)
後期終末(西新)
250
古墳時代
布留0式並行
布留1式並行
350

図 60　ヤマトとツクシの暦年代観対照（註 22 より改変）
ヤマトの土器編年と暦年代観は寺澤薫による。ツクシの（　　）は註 23 をもとにした。

た「倭国亂」の時期と考えるからである。弥生時代後期後半から終末にかけてが、卑弥呼共立から卑弥呼死後、壱与共立であり、年代は西暦二五〇年頃と考えている。

この時期には、近畿地方では、第Ⅵ様式と庄内式土器期、人によっては第Ⅵ様式と庄内式土器期を同じと捉える人もいるが、この頃の北部九州と近畿地方の暦年代について対照した表が、寺澤によって示されている(註22)ので、一部筆者の考えも入れて示しておくことにする【図60】。

筑紫平野の編年については、最近発表された蒲原宏行のものがあるので、併せて提示しておこう(註23)。

しかし、北部九州の編年の中で、どこからを弥生時代、どこからを古墳時代とするかは、まだ人によってその考えが違うのが現状である。

近年、新しい遺跡・遺物の発見によって、近畿地方の庄内式土器が、拠点的にではあるが、九州に入って来ていることがわかり、その段階を重視して、そこから古墳時代とする意見がある。しかし、北部九州でも、私のように庄内式土器並行期の型式を弥生時代に含めて考えている立場の人も多い。なぜなら、この庄内式土器並行期の北部九州は、まだ伝統的な武器形青銅器を頂点とするまつりごとを行う社会だったからである。『魏志』倭人伝が描く、邪馬台国の卑弥呼共立からその死までの時期は、主にその弥生時代終末と呼ぶか、庄内式並行期と呼ぶか、古墳時代初頭と呼ぶか、学界でも評価が定まっていない微妙な時期である。私は、その時代に、北部九州がヤマト王権の傘下に入っていないから、弥生時代ととらえているまでである。

まとめ

『魏志』倭人伝に描かれた、卑弥呼を共立した社会、そして卑弥呼死後に再び壱与を共立した社会、あるいは伊都国のように「王」がいながら「一大率」がいたり、他の国々でも「官」と呼ばれる指導者がいながら、邪馬台国かあるいは倭国によって「大倭」が派遣されている複雑な支配構造がある社会、このような社会は、弥生時代終末に北部九州以東に出現する墳丘墓の主による一元的支配体制の社会とは違う。

近畿地方、特に纏向遺跡の方がより階級社会として成熟しているからであるとか、中央集権化が進んでいるからとか、そういう理由は、そこが邪馬台国だという根拠にはならないと思う。邪馬台国がどこかという問題は、近畿と九州のどちらが進んだ社会になっていたかということではなく、『魏志』

倭人伝が描いた邪馬台国が、近畿地方の纏向遺跡なのか、あるいは北部九州、特に筑紫平野の遺跡群なのかという問題である。

邪馬台国の所在地論争は、国の誕生に繋がる古墳文化ができつつある近畿を中心とした地域を邪馬台国とみるのか、あるいは小さな国々が集まって共同して運営されていた北部九州を邪馬台国と見るのかという問題である。それは日本国家の誕生をそこに求めるのか求められないのかという問題に繋がるが、その問題と邪馬台国の所在地論争を混同してはならない。

私は、『魏志』倭人伝が描いた邪馬台国は、その時代の倭の地域でいちばん進んでいる地域のことを述べたのではないと思う。邪馬台国は、魏使が地域の状況を見て報告した場所だと思っている。それにふさわしい地域がどこかと言われれば、前回の著作とそれに続く今回のこの本で見てきたように私は北部九州の筑紫平野を第一候補に挙げる。これが、結論である。

註

はじめに

（1）佐伯有清　一九七一『研究史　邪馬台国』

（2）片岡宏二　二〇一一『邪馬台国論争の新視点　遺跡が示す九州説』雄山閣

第一章

（1）宮崎康平　一九六七『まぼろしの邪馬台国』講談社

（2）手塚治虫　一九八五『火の鳥①　黎明編』角川書店

（3）遠藤周作　一九七三『イエスの生涯』新潮社

（4）水野　祐　一九六六『日本古代国家』紀伊國屋書店

（5）直木孝次郎　二〇〇八『邪馬台国と卑弥呼』直木孝次郎古代を語る2　吉川弘文館

（6）註4に同じ

（7）みやこ町教育委員会　二〇一五『呰見中園遺跡・国作八反田遺跡』みやこ町文化財調査報告書第一二集

第二章

（1）糸島市立伊都国歴史博物館　二〇一一『常設展示図録』

（2）佐賀県教育委員会　二〇〇三『柚比遺跡群三』第三分冊　柚比本村遺跡（一・二区）

（3）福岡市立歴史資料館　一九八二『古代の顔』福岡市立歴史資料館図録第七集

（4）ジャン・ジャック・ルソー、板倉祐治訳　二〇一六『人間不平等起源論』講談社学術文庫

（5）V・G・チャイルド、ねず・まさし訳　一九六六『文明の起源』岩波新書

（6）渡部義通他　一九三六『日本古代史の基礎問題』（一九七〇『古代社会の構造』三一書房に一部再録）

（7）藤間生大　一九五〇『埋もれた金印　女王卑弥呼と日本の黎明』岩波新書

（8）近藤義郎　一九八三『前方後円墳の時代』岩波書店、都出比呂志　一九八九『日本農耕社会の成立過程』岩波書店

（9）註7に同じ

(10) 佐原　真　二〇〇五「考古学をやさしくしよう」『佐原真の仕事六　考古学と現代』岩波書店
(11) 佐原　真　一九八七『日本人の誕生』大系日本の歴史1　小学館
(12) 国立歴史民俗博物館　一九九六『倭国乱る』朝日新聞社
(13) 橋口達也　一九九九『弥生文化論―稲作の開始と首長権の展開―』雄山閣
(14) 佐賀県教育委員会　二〇〇三『柚比遺跡群四　分析編』佐賀県文化財調査報告書第一五八集
(15) 広瀬和雄　二〇〇三『日本考古学の通説を疑う』洋泉社
(16) 小野忠凞　一九五八「弥生時代の共同体」『共同体の研究』上巻　理想社
(17) 飯塚　勝・片岡宏二　二〇〇六「数理的方法を用いた渡来系弥生人の人口増加に関する考古学的研究―弥生時代前期～中期における三国丘陵をモデルとして―」『九州考古学』八一　九州考古学会
(18) 山内清男　一九三九『日本遠古之文化』先史考古学会
(19) 佐原　真　一九八七「みちのくの遠賀川」『東アジアの考古と歴史　中　岡崎敬先生退官記念論集』同朋舎出版
(20) 工楽善通　一九九一『水田の考古学』UP考古学選書12　東京大学出版会
(21) 石川日出志　二〇一〇『農耕社会の成立』シリーズ日本古代史1　岩波新書
(22) 福岡県甘木市　一九八四『甘木市史資料編　考古編』
(23) 佐藤正義　一九九一「第2節　弥生時代」『夜須町史』夜須町教育委員会
(24) 伊都国歴史博物館　二〇〇四『伊都国歴史博物館常設展示図録』
(25) 柳田康雄　一九八六「集団墓地から王墓へ」『図説　発掘が語る日本史』第六巻　新人物往来社
(26) 志摩町教育委員会　一九八七『新町遺跡』志摩町文化財調査報告書第七集
(27) 中橋孝博・永井昌文　一九八七「福岡県志摩町新町遺跡出土の縄文・弥生移行期の人骨」『新町遺跡』
(28) 高倉洋彰　一九七三「墳墓からみた弥生時代社会の発展過程」『考古学研究』二〇―二　考古学研究会
(29) 春日市教育委員会　二〇〇三『伯玄社遺跡』春日市文化財調査報告書第三五集
(30) 原　俊一・白木英敏・秋成雅博　二〇〇〇「宗像地域における弥生時代前期の集落と墓制」『日本考古学』七

―九　日本考古学協会
(31) 小郡市教育委員会　一九八六『三国の鼻遺跡Ⅱ』小郡市文化財調査報告書第三一集
(32) 金関丈夫　一九七六『日本民族の起源』法政大学出版局
(33) 金関丈夫　一九七五『発掘から推理する』朝日選書40
(34) 鹿島町教育委員会　二〇〇五『堀部第1遺跡』
(35) 近藤義郎　一九五九「共同体と単位集団」『考古学研究』六―一　考古学研究会
(36) 近藤義郎　一九八三『前方後円墳の時代』岩波書店
(37) 鏡山　猛　一九五六『北九州の古代遺跡』至文堂
(38) 和島誠一・田中義昭　一九六六「住居と集落」『日本の考古学Ⅲ　弥生時代』河出書房新社
(39) 田中義昭　二〇一一『弥生時代集落址の研究』新泉社
(40) 『中学社会　歴史　みらいをひらく』教育出版（平成二十六年度版）
(41) 福岡市教育委員会　一九七九『板付周辺遺跡調査報告書』五　福岡市埋蔵文化財調査報告書第四九集
(42) 中間研志　一九八七「松菊里型住居―我国稲作農耕受容期における竪穴住居の研究―」『岡崎敬先生退官記念論集』同朋舎出版
(43) 春成秀爾　一九九〇『弥生時代の始まり』UP考古学選書一一　東京大学出版会
(44) 赤村教育委員会　一九八五『合田遺跡』赤村文化財調査報告書第一集
(45) 佐原　真　一九七五「農業の開始と階級社会の形成」『岩波講座　日本歴史一』岩波書店
(46) 註21に同じ
(47) 家根祥多　一九九六「縄文土器の終焉」『歴史発掘』第二巻　縄文土器出現　講談社
(48) 粕屋町教育委員会　二〇〇二『江辻遺跡第5地点』粕屋町文化財調査報告第一九集
(49) 柳田國男　一九六三『山人考』定本柳田國男集第四巻　筑摩書房
(50) 片岡宏二　二〇〇六『弥生時代　渡来人から倭人社会へ』雄山閣

(51) 小郡市教育委員会　一九八〇『小郡遺跡』小郡市文化財調査報告書第六集
(52) 鳥栖市教育委員会　二〇〇五『鳥栖市史　第二巻　原始・古代編』鳥栖市
(53) 牧　健二　一九六八『日本の原始国家』有斐閣
(54) 佐原　真　二〇〇三『魏志倭人伝の考古学』岩波書店
(55) 片岡宏二　二〇一一『邪馬台国論争の新視点　遺跡が示す九州説』雄山閣及び増補版
(56) 七田忠昭　二〇〇五『吉野ヶ里遺跡』日本の遺跡二　同成社
(57) 中山平次郎　一九二八「魏志倭人伝の生口」『考古学雑誌』一八―九　日本考古学会
(58) 橋本増吉　一九二九「魏志倭人伝の生口に就いて」『考古学雑誌』一九―一　日本考古学会

第三章

(1) A・M・ホカート、橋本和也訳　一九八六『王権』人文書院
(2) 佐賀県教育委員会　二〇一八『吉野ヶ里遺跡』弥生時代の墳丘墓　佐賀県文化財調査報告書第二一九集
(3) 第二章 註2に同じ
(4) 片岡宏二　一九九一「第5節　九州地方の弥生墓」『原始・古代日本の墓制』同成社
(5) 立岩遺蹟調査委員会　一九七七『立岩遺蹟』
(6) 佐藤正義　一九九一「第二節 弥生時代」『夜須町史』
(7) 筑紫野市教育委員会　一九九三『隈・西小田遺跡群』筑紫野市文化財調査報告書第三八集
(8) 日田市教育委員会　一九九五『吹上遺跡―第六次の概要―』
(9) 柳田康雄　一九八六「集団墓地から王墓へ」『図説　発掘が語る日本史』第六巻　新人物往来社
(10) 春日市教育委員会　一九九四『奴国の首都 須玖岡本遺跡』吉川弘文館
(11) 文化庁他　二〇〇四『シンポジウム邪馬台国の時代「伊都国」』
(12) 糸島市教育委員会　二〇一〇『三雲・井原遺跡Ⅳ』糸島市文化財調査報告書第一集
(13) 田中　琢　一九九一『倭人騒乱』日本の歴史②　集英社

(14)山尾幸久　一九七二『魏志倭人伝　東洋史上の古代日本』講談社現代新書
(15)中尾篤志　二〇〇五「青銅製権」『原の辻遺跡総集編Ⅰ』原の辻遺跡調査事務所調査報告書第三〇集
(16)宮崎貴夫　二〇一九『長崎地域の考古学研究』
(17)尾高朝雄　一九六二『法学概論（新版）』有斐閣
(18)第二章 註7に同じ
(19)西嶋定生　一九九九『倭国の出現—東アジア世界のなかの日本』東京大学出版会
(20)武光　誠　一九八六『邪馬台国事典』同成社
(21)藤尾慎一郎　二〇一五『弥生時代の歴史』講談社現代新書
(22)岡部裕俊　一九九八「推定される伊都国の構造」『古代探求』中央公論社
(23)糸島市立伊都国歴史博物館　二〇一一『常設展示図録』
(24)第一章 註5に同じ
(25)日野開三郎　一九五二「邸閣—東夷伝用語解—2」『東洋史学』六、佐伯有清編　一九八一『邪馬台国基本論文集Ⅱ』に再録
(26)第一章 註4に同じ
(27)都出比呂志　二〇一一『古代国家はいつ成立したか』岩波新書

第四章

(1)高倉洋彰　一九七五「右手の不使用—南海産巻貝製腕輪着装の意義—」『九州歴史資料館研究論集1』
(2)那珂川町教育委員会　二〇〇六『安徳台遺跡群　付編』那珂川町文化財調査報告書第六七集
(3)春成秀爾　一九八四「弥生時代九州の居住規定」『国立歴史民族博物館研究報告』三
(4)田中良之・土肥直美　一九八八「二列埋葬墓の婚後居住規定」『日本民族・文化の生成』永井昌文教授退官記念論文集
(5)福岡県教育委員会　一九七六『福岡南バイパス関係埋蔵文化財調査報告第四集』

(6) 佐賀県教育委員会　二〇〇三『柚比遺跡群三』第二分冊　八ツ並金丸遺跡（墳墓）
(7) 溝口孝司　一九九七「二列埋葬墓地の終焉　弥生時代中期（弥生Ⅲ期）北部九州における墓地空間構成原理の変容の社会考古学的研究」『古文化談叢』三八　九州古文化研究会
(8) 近藤義郎　一九八三『前方後円墳の時代』岩波書店
(9) 山尾幸久　一九七二『魏志倭人伝　東洋史上の古代日本』講談社現代新書
(10) 岡村秀典　一九九九『三角縁神獣鏡の時代』吉川弘文館
(11) 井上光貞　一九六〇『日本国家の起源』岩波新書
(12) 上田正昭　二〇一二『私の日本古代史（上）』新潮選書
(13) 近藤義郎　一九九八『前方後円墳と弥生墳丘墓』青木書店
(14) 島根大学法文学部考古学研究室　一九九二『山陰地方における弥生墳丘墓の研究』
(15) 寺澤　薫　二〇〇〇『王権誕生』日本の歴史〇二　講談社
(16) 都出比呂志　二〇一一『古代国家はいつ成立したか』岩波書店
(17) 石野博信　二〇〇八『邪馬台国の候補地　纒向遺跡』新泉社
(18) 国立歴史民俗博物館　一九九六『倭國亂る』朝日新聞社
(19) 前原市教育委員会　二〇〇〇『平原遺跡』前原市文化財調査報告書第七〇集
(20) 福岡県教育委員会　一九九六『徳永川ノ上遺跡Ⅱ』椎田道路関係埋蔵文化財調査報告第7集
(21) 水野　祐　一九六六『日本古代国家』紀伊国屋書店
(22) 第四章註15及び寺澤　薫　二〇一九「纒向遺跡と邪馬台国論」『古代から未来のトビラを拓く—遠賀川の古代文化と邪馬台国』第一回フォーラム配布資料
(23) 蒲原宏行　二〇一九『弥生・古墳時代論叢』六一書房

おわりに

前回の著作で、地理学的な問題を扱ったので、今回はそれとは距離を置いて、邪馬台国の社会を中心に、考古学資料を使いながら復元してみた。そして、そこから邪馬台国九州説を論じてみた。

本書執筆の直接のきっかけになったのは、平成二九年度と三〇年度に、全部で一六回、二年間通して行った、朝日カルチャースクール北九州教室での講義だった。自分自身、邪馬台国論争の中でもたいへん地味な分野を勉強する良い機会を与えてもらったことを、北九州教室の皆さんに感謝したい。

二年前に定年退職を迎え、それから行橋市歴史資料館に勤務することになった。勤務地までは車で片道一時間三〇分かけて週に三～四日通勤した。都会から見ると、たかが一時間三〇分と思われそうだが、地方ではたいへんな通勤時間である。しかし、意外と有意義な時間となった。邪馬台国の社会をあれこれ考えてみる時間にもなったし、またいろいろなCDを聞くことができた。CDといっても音楽ではない。宗教家・実業家・文豪・音楽家・医師、あらゆる立場の方の講演集である。特に心に残っているのが、小林秀雄の哲学講義、本居宣長論である。これは、本居宣長の邪馬台国偽僣説にも関係しているので、いつか機会があればもっと考えたいと思う。

最後に、前作の出版のときにもお世話になった株式会社雄山閣編集部の桑門智亜紀さんには、今回も引き続いて、ご苦労をおかけした。ここに感謝の意を表したい。

著者紹介

片岡宏二（かたおか・こうじ）

1956 年　福岡県生まれ

1979 年　早稲田大学第一文学部日本史専攻卒業

小郡市教育委員会技師、2017 年行橋市歴史資料館館長を経て

現在、小郡市埋蔵文化財調査センター所長

文学博士（考古学）

＜主要著作＞

著書『弥生時代　渡来人と土器・青銅器』雄山閣

　　『弥生時代　渡来人から倭人社会へ』雄山閣

　　『邪馬台国論争の新視点—遺跡が示す九州説—』雄山閣

共著『九州考古学散歩』学生社

2019 年 12 月 25 日　初版発行　《検印省略》

続《ぞく》・邪馬台国論争《やまたいこくろんそう》の新視点《しんしてん》—倭人伝《わじんでん》が語《かた》る九州説《きゅうしゅうせつ》

著　者　片岡宏二

発行者　宮田哲男

発　行　株式会社 雄山閣

〒102-0071 東京都千代田区富士見 2-6-9

TEL　03-3262-3231 / FAX　03-3262-6938

URL　http: //www.yuzankaku.co.jp

e-mail　info@yuzankaku.co.jp

振　替：00130-5-1685

印　刷　株式会社ティーケー出版印刷

ISBN 978-4-639-02691-4 C0021

N.D.C.210　184p　21cm